ENFRENTE A SUS

GIGANTES

T0053411

TAMBIÉN DE MAX LUCADO

ENFRENTE A SUS
GIGANTES

DIOS AÚN HACE LO IMPOSIBLE

CON UNA GUÍA DE ESTUDIO AMPLIADA

MAX LUCADO

GRUPO NELSON
Desde 1798

Título en inglés: *Facing Your Giants*
© 2006, 2020 por Max Lucado
Publicado por Thomas Nelson. Thomas Nelson es una marca
registrada de HarperCollins Christian Publishing, Inc.

Editora en Jefe: *Graciela Lelli*
Traducción: *Lautaro Pinillos y Eugenio Orellana*
Tipografía: *Grupo Nivel Uno, Inc.*

ISBN: 978-1-40022-470-8
ebook: 978-1-40022-471-5

Impreso en E.U.A.
Printed in the U.S.A.

21 22 23 24 25 LSC 6 5 4 3 2 1

Denalyn y yo dedicamos con mucho gusto esta edición a Rod y a Tina Chisholm, fieles, confiables y alegres servidores. Agradecemos a Dios por esta amistad de más de dos décadas.

CONTENIDO

AGRADECIMIENTOS

Es LARGA la lista de gente que ayudó para que este libro viera la luz. Cada uno merece una ovación de pie y una jubilación anticipada.

Los editores Liz Heaney y Karen Hill. Gracias por asistir a autores cabeza dura. Ustedes escribieron este libro.

Steve y Cheryl Green. Si el país tuviera supervisores como ustedes, todos podríamos dormir mejor. Gracias por un millón y un actos de servicio.

David Moberg y al equipo W. El estándar más alto en publicaciones.

Susan Ligon. Su devoción a los detalles solo la excede su devoción a Cristo. Estoy muy agradecido.

Sam Moore, Mike Hyatt y la familia Thomas Nelson. Si un equipo mejor existe, no lo conozco.

Los ministros, el personal y los de alto cargo de Oak Hills. Continúen siendo un hogar para cada corazón.

La familia UpWords, Becky, Margaret y Tina. ¡Qué dones tienen y qué regalo son!

Eugene Peterson. Cada lectura de uno de sus libros me conmueve. *Leap Over a Wall* me cambió. Donde mis palabras se parecen mucho a las suyas, el crédito le pertenece.

Carol Bartley. Scotland Yard debería tener esta clase de detectives. Me siento intimidado por sus aptitudes editoriales.

Steve Halliday. Gracias por otra guía de estudio tan relevante.

David Treat. Sus plegarias llevaron estas palabras al cielo.

Mis tres hijas: Jenna, Andrea y Sara. Cada día más hermosas, cada día más piadosas.

Y a Denalyn. Si hubiera una ley que limitase el amor de un esposo por su esposa, tendrías que visitarme en la cárcel. Después de 39 años, todavía estoy fascinado por ti.

En cuanto el filisteo avanzó para acercarse
a David y enfrentarse con él, también este
corrió rápidamente hacia la línea de batalla
para hacerle frente.

1 SAMUEL 17:48

1

ENFRENTE A SUS GIGANTES

EL ESBELTO, imberbe muchacho, se hinca cerca del arroyo. Se humedece las rodillas. Mueve el agua para refrescar su mano. Lo percibió. Pudo estudiar sus bellas facciones en el agua. Cabello del color del cobre. Bronceada y rubicunda piel y ojos que le hacen perder el aliento a las doncellas. Pero no buscaba su reflejo, sino rocas. Piedras. Piedras lisas. La clase de piedras que se pueden apilar cuidadosamente en la bolsa de un pastor, o que quedan niveladas en su honda de cuero. Rocas chatas que se balancean pesadas sobre la palma y se proyectan con una fuerza de cometa estrellándose en la cabeza de un león, de un oso o, como en este caso, de un gigante.

Goliat mira fijamente hacia abajo desde la ladera. Solo la incredulidad le reprime la risa. Él y una multitud de filisteos han convertido la mitad de su valle en un bosque de lanzas y jabalinas; una banda de rufianes —con pañuelos en sus cabezas, olores corporales y tatuajes de alambre de espino— ruge sanguinariamente. Goliat los dominaba a todos:

mide dos metros noventa y siete de alto desde la planta de sus pies, carga setenta y dos kilogramos de armadura y gruñe como si fuera el principal evento en el campeonato nocturno de la Federación Mundial de Lucha Libre. Mide cincuenta centímetros de cuello, veinticinco y medio de cabeza y ciento cuarenta y dos de cintura. Sus bíceps estallan, los músculos de sus muslos ondulan y en vano se jacta a lo largo del cañón. «¡Yo desafío hoy al ejército de Israel! ¡Elijan a un hombre que pelee conmigo!» (1 Samuel 17:10) *¿Quién se anima a pelear mano a mano conmigo? ¿Quién se atreve?*

Ningún hebreo. Hasta hoy. Hasta David.

David recién había aparecido esa mañana. Dejó su actividad con las ovejas para entregarles pan y queso a sus hermanos en el frente de batalla. Allí escuchó a Goliat desafiar a Dios y allí se decidió. «Tomó su bastón, fue al río a escoger cinco piedras lisas, y las metió en su bolsa de pastor. Luego, honda en mano, se acercó al filisteo» (17:40).[1]

Goliat se burla del muchacho apodándolo «esmirriado». «¿Soy acaso un perro para que vengas a atacarme con palos?» (17:43). Flaco y esquelético, David. Voluminoso y bruto, Goliat. El mondadientes versus el tornado. La minibicicleta atacando a un camión de dieciocho ruedas. El perro caniche encargándose del Rottweiler. ¿Cuántas probabilidades le da a David contra su gigante?

Mejores que las que se da usted mismo contra su propio gigante.

Su goliat no lleva ni espada ni escudo; sacude la hoja del desempleo, del abandono, del abuso sexual o de la depresión. Su gigante no desfila de un lado al otro de las colinas del Elá; anda presuntuoso a través de su oficina, su dormitorio, su salón de clases. Le trae facturas que usted no puede pagar, posiciones que no puede alcanzar, gente a la que no puede complacer, whisky que no puede resistir, pornografía que no puede rechazar, una profesión de la que no puede escapar, un pasado que no puede sacarse de encima y un futuro al que no puede enfrentar.

Usted conoce muy bien el bramido de Goliat.

David se enfrentó a uno que lo puso en alerta y lo desafió día y noche. «El filisteo salía mañana y tarde a desafiar a los israelitas, y así lo estuvo haciendo durante cuarenta días» (17:16). El suyo hace lo mismo. Primer pensamiento matutino, última preocupación de la noche: su goliat domina su día y se infiltra en su alegría.

¿Cuánto tiempo hace que lo acecha? La familia de Goliat fue una antigua adversaria de los israelitas. Josué los había conducido a la tierra prometida trescientos años atrás. Destruyó a todos excepto a los residentes de tres ciudades: Gaza, Gat y Asdod. Gat engendra gigantes como crecen las secuoyas en el Parque Nacional de Yosemite. Adivine dónde se crio Goliat. Observe la «G» sobre su chaqueta de estudiante: Colegio Gat. Sus ancestros eran a los hebreos lo que los piratas a la marina de Su Majestad.

> Primer pensamiento matutino, última preocupación de la noche: su goliat domina su día y se infiltra en su alegría.

Los soldados de Saúl vieron a Goliat y murmuraron: «Otra vez no. Mi padre peleó con su padre. Mi abuelo peleó con su abuelo».

Usted ha gemido palabras similares. «Me he convertido en un adicto al trabajo, justo como mi padre». «El divorcio envenena nuestro árbol genealógico tal como la enfermedad que le produce hongos al roble». «Mi madre tampoco pudo conservar un amigo. ¿Jamás terminará esto?».

Goliat, el más antiguo matón del valle. Más duro que un bistec de dos dólares. Más gruñidor que dos dóberman. Él lo espera por las mañanas y lo atormenta por las noches. Les siguió los pasos a sus ancestros y ahora lo amenaza a usted. Le obstaculiza el sol y lo deja parado en la sombra de la duda. «Al oír lo que decía el filisteo, Saúl y todos los israelitas se consternaron y tuvieron mucho miedo» (17:11).

Pero ¿qué le estoy diciendo? Conoce a Goliat. Reconoce sus pasos y se estremece ante su charla. Ha visto a su godzilla; la pregunta es: ¿es él todo lo que ve? Conoce su voz, pero ¿es eso todo lo que usted escucha? David vio y escuchó más. Lea las primeras palabras que dijo, no solo en la batalla, sino también en la Biblia. «David preguntó a los que estaban con él: ¿Qué dicen que le darán a quien mate a ese filisteo y salve así el honor de Israel? ¿Quién se cree este filisteo pagano, que se atreve a desafiar al ejército del Dios viviente?» (17:26).

David puso de manifiesto el tema de Dios. Los soldados no mencionaron nada sobre Él, los hermanos nunca pronunciaron su nombre, pero David dio un paso sobre el estrado y planteó el tema del Dios viviente. Y hace lo mismo con el rey Saúl, no chacharea sobre la batalla ni cuestiona acerca de las probabilidades. Solo formula un anuncio divino: «El Señor, que me libró de las garras del león y del oso, también me librará del poder de ese filisteo» (17:37).

Continúa el tema sobre Goliat. Cuando el gigante se burla de David, el muchacho pastor, contesta:

«Tú vienes contra mí con espada, lanza y jabalina, pero yo vengo a ti en el nombre del Señor Todopoderoso, el Dios de los ejércitos de Israel, a quien has desafiado. Hoy mismo el Señor te entregará en mis manos; y yo te mataré y te cortaré la cabeza. Hoy mismo echaré los cadáveres del ejército filisteo a las aves del cielo y a las fieras del campo, y todo el mundo sabrá que hay un Dios en Israel. Todos los que están aquí reconocerán que el Señor salva sin necesidad de espada ni de lanza. La batalla es del Señor, y él los entregará a ustedes en nuestras manos». (17:45-47)

Nadie más habla sobre Dios. David no habla sobre nadie más que Dios. Un segundo tema aparece en la historia. Más que «David versus Goliat» es «Dios versus el gigante».

David ve lo que los demás no ven y rechaza ver lo que los otros ven. Todos los ojos, excepto los de David, recaen sobre el brutal Hulk, que respira odio. Todas las brújulas, menos la de David, se detienen en la estrella polar de los filisteos. Todos los diarios, menos el de David, describen día tras día la tierra del Neanderthal. La gente conoce sus expresiones humillantes, sus exigencias, su tamaño y sus pavoneos. Se especializan en Goliat.

David se especializa en Dios. Él no ve al gigante; por el contrario, solo ve a Dios. Observe cuidadosamente el grito de guerra de David: «Tú vienes contra mí con espada, lanza y jabalina, pero yo vengo a ti en el nombre del Señor Todopoderoso, el Dios de los ejércitos de Israel, a quien has desafiado» (17:45).

Nótese el plural del sustantivo, *ejércitos* de Israel. ¿Ejércitos? El observador común ve solo un ejército de Israel. David no. Él ve a los aliados en el Día D: un pelotón de ángeles y una infantería de santos, las armas del viento y las fuerzas de la Tierra. Dios podría «perdigonear» al enemigo con granizo como lo hizo para Moisés, derrumbar paredes como lo hizo para Josué, provocar truenos como lo hizo para Samuel.[2]

David mira al ejército de Dios. Y entonces se apura y corre hacia la línea de batalla para hacerles frente a los filisteos (17:48).[3]

Los hermanos de David se cubren los ojos, por temor y por vergüenza. Saúl suspira mientras el joven hebreo corre hacia una muerte segura. Goliat echa su cabeza hacia atrás riendo, suficiente como para quitarse su casco y exponer la carne de su frente. David localizó el objetivo y calculó el momento. El sonido del remolino de la honda es el único que se escucha en el valle. Ssshhh. Sssshhh. Ssshhh. La piedra va como un torpedo hacia el cráneo. Cruza los ojos de Goliat y le hace doblar las piernas. Este colapsa en la tierra y muere. David corre hacia él y le arranca la espada de su vaina, hace shish kebab (carne trozada) al filisteo y corta su cabeza.

Usted podría decir que David sabía cómo conseguir la *cabeza* de su gigante.

¿Cuándo fue la última vez que usted hizo lo mismo? ¿Cuánto tiempo pasó desde que corrió hacia su reto? Tratamos de escondernos, de hundirnos detrás de un escritorio o gatear en la distracción de un club nocturno o en la cama del amor prohibido. Por un momento, un día o un año, nos sentimos a salvo, aislados, anestesiados, pero entonces el trabajo se termina, el licor se consume o el amante se va, y escuchamos a Goliat otra vez. Retumbando. Rimbombantemente.

Ponga en práctica una táctica diferente. Precipite al gigante con el alma saturada de Dios. *¡Gigante del divorcio, no entres a mi casa! ¿Gigante de la depresión? Podría llevarme una vida, pero no me conquistarás. Gigante del alcohol, de la intolerancia, del abuso infantil, de la inseguridad... te vas a caer.* ¿Cuánto tiempo pasó desde que cargó su honda y golpeó a su gigante?

¿Demasiado tiempo, dice? Entonces David es su modelo. Dios lo llamó «un hombre conforme a mi corazón» (Hechos 13:22). Él no le dio esa denominación a nadie más. Ni a Abraham ni a Moisés ni a Josué. A Pablo lo llamó su apóstol; a Juan, su amado, pero a ninguno lo denominó «un hombre conforme al corazón de Dios».

Uno podría leer la historia de David y preguntarse qué vio Dios en él. El muchacho se caía tan pronto como se levantaba; tambaleaba tan a menudo como conquistaba. Miraba atónito a Goliat; más aun, se comía con los ojos a Betsabé. Desafiaba a los que se burlaban de

> Precipite al gigante con el alma saturada de Dios.

Dios en el valle y se unía a ellos en el desierto. Un día era un águila exploradora, al siguiente era compinche de la mafia. Podía dirigir ejércitos, pero no podía manejar una familia. Furioso David. Llorón David. Sanguinario. Ávido de Dios. Ocho esposas. Un Dios.

¿Un hombre conforme al corazón de Dios? Lo que Dios vio en él, nos da esperanzas a todos nosotros. La vida de David tiene poco que ofrecer al santo sin manchas. Las almas perfectas encuentran la historia de David decepcionante. El resto, tranquilizadora. Manejamos la misma montaña rusa. Alternamos entre saltos de ángel y planchazos, suflés y tostadas quemadas.

En los momentos buenos de David, nadie era mejor. En sus malos momentos, ¿podía alguien ser peor? El que era conforme al corazón de Dios, era una persona con altibajos.

Necesitamos la historia de David. Los gigantes merodean en nuestro barrio. Rechazo. Fracaso. Venganza. Remordimiento. Nuestras batallas leen un itinerario de luchadores profesionales:

- «En el evento principal, tenemos a Joe, el decente muchacho, versus la fraternidad del *Colegio de animales*».
- «Con su peso de cincuenta kilogramos, Elizabeth —la chica cajera— peleará con los odiosos que le romperán el corazón».
- «En esta esquina, el poco claro matrimonio de Jason y Patricia. En la otra esquina, el contrincante del estado de confusión, el destructor del hogar llamado Desconfianza».

Gigantes. Debemos enfrentarlos. Sin embargo, no necesitamos enfrentarlos solos. Céntrese primero y principalmente en Dios. La vez que David lo hizo, los gigantes cayeron.

Examine esta teoría con una Biblia abierta. Lea 1 Samuel 17 y haga una lista de las observaciones que David elaboró respecto de Goliat.

Solo encuentro dos. Una declaración ante Saúl acerca de Goliat (v. 36). Y otra frente a Goliat: «¿Quién se cree este filisteo pagano, que se atreve a desafiar al ejército del Dios viviente?» (v. 26).

Eso es. Dos comentarios (de mal gusto) relacionados con Goliat, sin preguntas. Sin preguntas acerca de las aptitudes de Goliat, su edad, clase social o cociente intelectual. David no pregunta nada sobre el peso de la lanza, el tamaño del escudo o el significado del cráneo y el alambre de espino tatuados en el bíceps del gigante. David no piensa en el diplodoco de la colina. Nada, absolutamente.

> Gigantes. Debemos enfrentarlos. Sin embargo, no necesitamos enfrentarlos solos.

Piensa más en Dios. Lea las palabras de David de nuevo, destacando esta vez las referencias a su Señor.

«Ejército del Dios viviente» (v. 26).

«Ejército del Dios viviente» (v. 36).

«El Señor Todopoderoso, el Dios de los ejércitos de Israel» (v. 45).

«El Señor te entregará en mis manos... todo el mundo sabrá que *hay un Dios* en Israel» (v. 46).

«El Señor salva sin necesidad de espada ni de lanza. La batalla es del Señor, y él los entregará a ustedes en nuestras manos» (v. 47).[4]

Cuento nueve referencias. Los pensamientos sobre Dios superan a los de Goliat nueve a dos. ¿Cómo se compara esta proporción con la suya? ¿Considera la gracia de Dios cuatro veces más que lo que considera sus culpas? ¿Es su lista de bendiciones cuatro veces más extensa que su lista de reclamos? ¿Es su archivo mental de esperanza cuatro veces más grueso que su archivo mental de temores? ¿Está usted cuatro veces más dispuesto a describir la fuerza de Dios que lo que está para describir las demandas de su día?

¿No? Entonces David es su hombre.

> ¿Está usted cuatro veces más dispuesto a describir la fuerza de Dios que lo que está para describir las demandas de su día?

Se nota cierta ausencia de milagros en la historia. Nada de mares rojos abiertos; nada de carros en llamas; ni Lázaros muertos caminando. Nada de milagros.

Solo hay uno. David. Un poco refinado personaje que se cuestionaba sobre Dios e iluminaba esta verdad:

Enfóquese en sus gigantes y usted tropieza.
Enfóquese en Dios y sus gigantes caen.

Levanta tus ojos, gigante asesino. El Dios que hizo un milagro por David está listo para hacer uno por usted.

2

LLAMADAS SILENCIOSAS

OTROS SUCESOS de mi sexto grado se desdibujaron. No recuerdo mi escuela primaria ni los planes de vacaciones de mi familia. No puedo decirle el nombre de la niña de cabello castaño que me gustaba ni el del director de la escuela. Pero, ¿esa tarde de primavera de 1967? Clara como el cristal.

Estoy sentado en el dormitorio de mis padres. La conversación de la cena flota en el pasillo. Tenemos invitados, pero pido dejar la mesa. Mi madre había preparado pastel, pero no quiero postre. Sociable, no. Apetito, no. ¿Quién tiene tiempo para cháchara o pasteles en este momento?

Necesito concentrarme en el teléfono.

Esperé la llamada antes de la comida. No llegó. Presté atención al sonido durante la comida. No sonó. Ahora estoy mirando fijamente el teléfono como un perro a su hueso, ilusionándome con que el entrenador de la Liga Juvenil me diga que estoy en su equipo de béisbol.

═══

Estoy sentado sobre la cama, con mi guante muy cerca. Puedo escuchar a mis amigotes jugar afuera, en la calle. No les presto atención. Todo lo que cuenta es el teléfono. Quiero que suene.

No suena.

Los invitados se retiran. Ayudo a lavar los platos y termino mi tarea. Papá me palmea la espalda. Mamá me dice palabras cálidas. La hora de irse a la cama está cerca. Y el teléfono no suena. Permanece en silencio. Un doloroso silencio.

Si observamos el panorama general, no entrar en el equipo de béisbol preocupa poco. Pero un niño de doce años no puede abarcarlo en su totalidad, y era muy importante poder formar parte del equipo. Todo lo que pude pensar en esos momentos fue qué les diría a mis compañeros de clase cuando me preguntaran cuál equipo me había elegido.

Usted conoce lo que se siente, sabe de lo que le hablo. El teléfono tampoco sonó para usted. Y no lo hizo cuando era muy importante de verdad. Cuando solicitó un empleo, o en el club, trató de que ocurriera, o de obtener ayuda... pero el llamado nunca se concretó. Usted conoce el dolor que se siente cuando se espera el sonido del teléfono y, sin embargo, este no suena. Todos lo conocemos.

Para ese momento hemos acuñado distintas frases. Lo dejaron «con las manos vacías». La dejaron «parada en el altar». Los dejaron «sin beneficios». O, mi favorito, «él está por ahí afuera, cuidando de las ovejas». Ese fue el caso de David.

Su historia comienza no sobre el campo de batalla con Goliat, sino en las antiguas laderas de Israel, como un sacerdote de barba plateada que pasea descendiendo el angosto sendero. Una vaquilla se mueve torpemente detrás. Por delante se encuentra Belén. Hay en él una inminente preocupación. Los granjeros en sus campos notan su presencia. Aquellos que conocen su rostro susurran su nombre. Los que escuchan el nombre se vuelven para mirar fijamente su rostro.

> Usted conoce el dolor que se siente cuando se espera el sonido del teléfono y, sin embargo, este no suena. Todos lo conocemos.

¿Samuel? El sacerdote elegido por Dios. Cuidado maternalmente por Ana, guiado por Elí, llamado por Dios. Cuando el hijo de Elí se tornó agrio, el joven Samuel se ofreció. Cuando Israel necesitó un enfoque espiritual, Samuel lo proveyó. Cuando Israel quiso un rey, Samuel designó uno... Saúl.

El mismísimo nombre hacía que Samuel gruñera. *Saúl. El alto Saúl. El fuerte Saúl. Los israelitas habían querido un rey... entonces tenemos un rey. Ellos habían querido un líder... entonces tenemos... un ser despreciable.* Samuel miraba de un lado a otro, con temor de que pudiese decir en voz alta lo que solo intentaba pensar.

Nadie lo escucha. Está a salvo... tan a salvo como puede estarlo usted en el régimen de un rey que se convirtió en maníaco. El corazón de Saúl se está poniendo más duro, sus ojos incluso más salvajes. No es el rey que solía ser. Hasta a los ojos de Dios, ya no es más rey. El Señor le dijo a Samuel:

«¿Cuánto tiempo vas a quedarte llorando por Saúl, si ya lo he rechazado como rey de Israel? Mejor llena de aceite tu cuerno, y ponte en camino. Voy a enviarte a

Belén, a la casa de Isaí, pues he escogido como rey a uno de sus hijos». (1 Samuel 16:1)

Y entonces Samuel recorre el sendero que lo conduce a Belén. Su estómago se revuelve y sus pensamientos se aceleran. Es peligroso designar un rey cuando Israel ya tiene uno. Y más peligroso aún es vivir sin líder en esos tiempos explosivos.

El año 1000 a. C. era una época mala para esa destartalada colección de tribus llamadas Israel. Josué y Moisés eran héroes de la clase de Historia. Tres siglos de invierno espiritual habían congelado la fe de la gente. Un escritor describió los días de Josué y Samuel con esta lacónica frase: «En aquella época no había rey en Israel; cada uno hacía lo que le parecía mejor» (Jueces 21:25). La corrupción impulsa el desbaratamiento. La inmoralidad engendra brutalidad. La gente había demandado un rey, pero más que salvar el barco, Saúl casi lo había hundido. La elección de la gente resultó ser un psicótico y garrafal error.

Y entonces estaban los filisteos: guerreros, sanguinarios, descendientes de gigantes, que monopolizaban el hierro y los trabajos con ese metal. Eran osos grises, los hebreos eran color salmón. Los filisteos construyeron ciudades, los hebreos se agrupaban en tribus y tiendas. Los filisteos producían armas de acero, los hebreos peleaban con hondas y flechas primitivas. Los filisteos hacían tronar sus carros relampagueantes, los israelitas respondían con instrumentos de labranza convertidos en armas y con cuchillos. «Así que ninguno de los soldados israelitas tenía espada o lanza, excepto Saúl y Jonatán» (1 Samuel 13:22).

Corrupción desde adentro. Peligro desde afuera. Saúl estaba débil. La nación, más débil. ¿Qué hizo Dios? Hizo lo que nadie imaginó. Concedió una invitación sorpresa para el don nadie de Villacualquiera.

Envió a Samuel a Red Eye, Minnesota. En realidad no. Envió al sacerdote a Sawgrass, Mississippi. No, no exactamente. Le dio un pasaje de autobús a Muleshoe, Texas.

Está bien, no hizo nada de eso. Pero podría haberlo hecho. La Belén de su época igualaba a Red Eye, Sawgrass o Muleshoe de la nuestra: una ciudad dormida que el tiempo olvidó, acurrucada en la falda de la montaña, aproximadamente a diez kilómetros al sur de Jerusalén. Belén se encuentra a seiscientos metros sobre el Mediterráneo, mirando condescendiente las suaves verdes colinas que se alisan en una desolada y áspera tierra de pastoreo. Rut conoció esa aldea. Jesús manifestaría su primer llanto bajo el cielo de Belén.

Pero mil años antes que hubiera un bebé en el pesebre, Samuel entra en la villa, halando una vaquilla. Su llegada hace voltear las cabezas de los ciudadanos. Los profetas no visitan Belén. ¿Ha venido a castigar a alguien o a esconderse en algún lugar? Ninguna de las dos cosas, asegura el sacerdote. Sacrifica el animal a Dios, dirige a la gente a una celebración y luego pide una audiencia con el granjero local llamado Isaí, y le solicita ver a sus hijos.

La escena es como una exposición canina. Isaí hace desfilar a sus hijos uno por vez, como canes con correas. Samuel los examina desde distintos ángulos, listo más de una vez para darle la cinta azul, pero cada una de esas veces Dios lo detiene.

Eliab, el mayor, parece la elección lógica. Imagínelo a él como el Casanova de la villa: de cabello ondulado, fuerte mandíbula. Usa pantalones vaqueros ajustados y una sonrisa como el teclado de un piano. *Este es el muchacho*, piensa Samuel.

«Equivocado», dice Dios.

Abinadab entra como hermano y concursante número dos. Usted creería que entró un modelo de la revista *Gentlemen's Quarterly*. Traje italiano, zapatos de piel de caimán, cabello negro azabache, peinado hacia atrás con gel. ¿Quiere un rey con clase? Abinadab tiene todo el glamour.

> «La gente se fija en las apariencias, pero yo me fijo en el corazón» (1 Samuel 16:7).

Dios no tiene que ver con la elegancia. Samuel pide ver al hermano número tres, Sama. Es amante de los libros, estudioso. Podría tener un carisma superficial, aunque con el cerebro puesto a prueba. Tiene una licenciatura de la universidad estatal y aspira a un programa de posgrado en Egipto. Isaí le susurra a Samuel: «Graduado con las mejores notas del Colegio Belén».

Samuel está impresionado, pero Dios no. Así que le recuerda al sacerdote: «No te dejes impresionar por su apariencia ni por su estatura, pues yo lo he rechazado. La gente se fija en las apariencias, pero yo me fijo en el corazón» (1 Samuel 16:7).

Siete hijos pasan. Siete hijos fracasan. La procesión se detiene.

Samuel cuenta a los hermanos: uno, dos, tres, cuatro, cinco, seis, siete. «Isaí, ¿no tiene ocho hijos?». Una pregunta similar hizo que la madrastra de Cenicienta retrocediera. Isaí probablemente hizo lo mismo. «Queda el más pequeño, respondió Isaí, pero está cuidando el rebaño» (16:11).

En hebreo «el más joven de los hijos» es *haqqaton*. Implica más que la edad, sugiere el rango. El *haqqaton* era más que el hermano menor, era el *pequeño* hermano, el renacuajo, el hobbit (personaje imaginario creado por Tolkien), el bebé.

Cuidar las ovejas le corresponde al *haqqaton* de la familia. Poner al muchacho donde no pueda causar problemas. Dejarlo con cabezas de lana y cielos abiertos.

Y allí es donde encontramos a David, en el pasto con el rebaño. Las Escrituras le dedican sesenta y seis capítulos a su historia, más que a nadie en la Biblia con excepción de Jesús. El Nuevo Testamento menciona su nombre cincuenta y nueve veces. Él fundará y habitará la ciudad más famosa, Jerusalén. Al Hijo de Dios lo llamarán el Hijo de David. El más grande salmo fluirá de su lápiz. Nosotros lo llamaremos rey, guerrero, trovador, juglar y el que mata gigantes.

> «No te dejes impresionar por su apariencia ni por su estatura, pues yo lo he rechazado. La gente se fija en las apariencias, pero yo me fijo en el corazón» (1 Samuel 16:7).

Pero hoy todavía no lo incluyen en las reuniones familiares;

simplemente lo olvidan, un niño indocumentado, que realiza una tarea poco importante, en un punto del mapa.

¿Qué hizo que Dios lo eligiera? Queremos saber. Realmente queremos saber.

Después de todo, hemos caminado sobre el pasto de David, el pasto de la exclusión.

Nos cansamos del sistema superficial de la sociedad, de que nos clasifiquen de acuerdo a lo que mide nuestra cintura, el tamaño de nuestra casa, el color de nuestra piel, la marca de nuestro auto, la etiqueta de nuestra ropa, la dimensión de nuestra oficina, la presencia de diplomas, la ausencia de acné. ¿No nos cansamos ya de ese juego?

Se ignora el trabajo duro. No se recompensa la devoción. El jefe elige el escote por sobre el carácter. La maestra elige al estudiante preferido en lugar de los preparados. Los padres muestran a sus hijos favoritos y dejan a sus renacuajos fuera, en el campo. ¡Oh, el goliat de la exclusión!

¿Está enfermo de él? Entonces es el momento de dejar de mirarlo fijamente. ¿A quién le importa lo que él o ellos piensen? Lo que importa es lo que su Creador piense: «Pero el Señor le dijo a Samuel: No te dejes impresionar por su apariencia ni por su estatura, pues yo lo he rechazado. La gente se fija en las apariencias, pero yo me fijo en el corazón» (16:7).

Esas palabras se escribieron para los *haqqatons* de la sociedad, para los inadaptados y expulsados. Dios los usa a todos ellos.

Moisés se escapó de la justicia, pero Dios lo utilizó.

Jonás huyó de Dios, pero Dios lo utilizó.

Rajab dirigía un burdel, Sansón fue tras una mujer equivocada, Jacob corría en círculos, Rut se fue a una tierra distante. Elías corrió hacia las montañas, Sara se quedó sin esperanzas, Lot se unió al grupo equivocado, pero Dios los utilizó a todos.

¿Y David? Dios vio al muchacho adolescente en las afueras de Belén, en la intersección del aburrimiento y el anonimato, y a través de la voz de un hermano, Dios llamó: «¡David!, ven. Alguien quiere verte». Los ojos de los humanos vieron a un joven desgarbado entrar en la casa, oliendo como a oveja y con la apariencia de necesitar un baño. Sin embargo: «El Señor le dijo a Samuel: Este es; levántate y úngelo» (16:12).

Dios vio lo que ningún otro vio: un Dios que busca un corazón. David, por todas sus debilidades, buscó a Dios como una alondra busca el amanecer, y se pareció al corazón de Dios porque permaneció en el corazón de Dios. Finalmente, eso es todo lo que Dios quería o necesitaba... quiere y necesita. Otros miden el tamaño de su cintura o su billetera. No así Dios. Él examina los corazones. Cuando encuentra uno que confía en Él, lo llama y lo hace suyo.

A propósito, ¿recuerda cómo esperé que el teléfono sonara aquella noche? Nunca sonó. Pero el timbre de la puerta sí.

Bastante después de que mis esperanzas se hubiesen marchado y mi guante estuviese colgado, el timbre de la puerta sonó. Era el entrenador. Hizo parecer como si yo fuera la elección más importante y dijo que pensó que su asistente me había llamado. Solo más tarde supe la verdad. Fui su última

> Dios examina los corazones. Cuando encuentra uno que confía en Él, lo llama y lo hace suyo.

elección. Y si no hubiese sido por un llamado de mi padre, hubiese estado fuera del equipo.

Pero mi papá llamó, y el entrenador vino, y estuve encantado de jugar.

La historia del joven David nos asegura a nosotros esto: su Padre conoce su corazón, y porque es así, tiene un lugar reservado solo para usted.

3

EL FURIOSO SAÚL

SHARON REVISA su espejo retrovisor... otra vez. Estudia las caras de los otros conductores... otra vez. Mantiene los ojos bien abiertos porque sabe que él la seguirá... otra vez.

«Nada me alejará de ti —fue el mensaje que Tony le había dejado en su contestador telefónico—. Yo soy tu esposo».

La ira hasta el paroxismo de su exesposo, los puñetazos volando y los ojos moreteados la condujeron al divorcio. Aun así, él no obedecía las advertencias, ignoraba las órdenes restrictivas y se burlaba de la ley.

Entonces Sharon revisa el espejo retrovisor una vez más.

Bajando la calle, a la vuelta de la esquina, un oficinista llamado Adam hace su propia revisión. Le da un vistazo a la puerta de la oficina de su jefe, ve que la silla está vacía y siente un alivio. Con algo de suerte tendrá una hora, quizá dos, antes de que «Tacañodelmundo.com» aparezca en la entrada, probablemente con resaca, furioso y desorientado.

Tacaño Jr. había heredado la compañía de Tacaño. El señor Manejador del negocio frustra a Junior, que vuelca esa frustración en los empleados a los que necesita más. Como Adam. Junior despotrica contra las personas diariamente y hace cumplidos con la frecuencia del cometa Halley.

Sharon elude a su exesposo, Adam evita a su jefe, ¿y usted? ¿Qué ogros recorren su mundo?

Madres controladoras. Entrenadores de la escuela de Stalin. La ruda maestra de matemáticas. El autoproclamado «comandante» de la oficina. El rey que resuelve ensartar al pastor a la pared.

Este último viene después de David. Pobre David. El valle de Elá resultó ser un campo de entrenamiento para la corte del rey. Cuando Goliat perdió su cabeza, los israelitas convirtieron a David en héroe. La gente le ofreció un desfile y cantó: «Saúl mató a sus miles, ¡pero David, a sus diez miles!» (1 Samuel 18:7).

Saúl hace erupción como el Vesuvio que es. Saúl observa a David. «Y a partir de esa ocasión» (18:9), el rey es ya un alma turbulenta, propenso a erupciones de enojo, suficientemente loco como para comer abejas. La popularidad de David salpica gasolina en el temperamento de Saúl. «¡A este lo clavo en la pared!» (18:11).

Saúl trata de matar al chico dorado de Belén en seis oportunidades. Primero, lo invita a casarse con su hija Mical. Hace pasar esto como una amable actitud, hasta que usted lea la grosera dote que le pide a David. Cien prepucios de filisteos. *Con seguridad uno de ellos lo matará*, piensa esperanzado. Pero eso no ocurre. David duplica el pedido y retorna triunfante (18:25-27).

Saúl no se da por vencido. Les ordena a sus oficiales y a Jonatán que maten a David, pero ellos se rehúsan (19:1). Prueba con una lanza en otra oportunidad, pero fracasa (19:10). Saúl envía mensajeros a la casa de David para matarlo, pero su esposa Mical lo ayuda a escapar a través de una ventana. David el correcaminos está ligeramente mejor preparado que Saúl, el coyote.

La ira de Saúl deja perplejo a David. ¿Qué ha hecho, sino el bien? Ha traído curación musical al torturado espíritu de Saúl; esperanza a la debilitada nación. Es el Abraham Lincoln de la calamidad israelita, redimiendo a la república y haciéndolo de forma tan modesta y honrada. Se comporta sabiamente «en todas sus expediciones» (18:14). «Pero todos en Israel y Judá sentían gran aprecio por David» (18:16). David se comporta «con más éxito que los otros oficiales de Saúl. Por eso llegó a ser muy famoso» (18:30).

No obstante, el volcán Saúl se mantiene en erupción con las hazañas de David, enviándole lanzas voladoras y conspiraciones asesinas. Nosotros entendemos la pregunta de David a Jonatán: «¿Qué he hecho yo?», le preguntó. «¿Qué crimen o delito he cometido contra tu padre, para que él quiera matarme?» (20:1).

Jonatán no tiene, por no existir, respuestas para dar. ¿Quién puede explicar la rabia de Saúl?

¿Quién sabe por qué un padre atormenta a su hijo, una esposa subestima a su marido, un jefe hace enfrentar a los empleados? Pero lo hacen. Saúl todavía arde de cólera con nuestro planeta. Hay dictadores que torturan, presidentes que seducen, ministros que abusan, sacerdotes que acosan, el fuerte y poderoso controla y engatusa al vulnerable e inocente. Saúl todavía acecha a David.

¿Cómo responde Dios en ese caso? ¿Destruyéndolos? Podríamos querer eso de Él. Se le ha conocido por extraer a unos pocos Herodes o faraones. ¿Cómo los tratará a ellos? No puedo decirlo. Pero cómo lo tratará a usted, sí puedo. Él le enviará a un Jonatán.

Dios contrarresta la crueldad de Saúl con la lealtad de Jonatán. Jonatán pudo haber sido tan celoso como Saúl. Como hijo de Saúl se presenta a heredar el trono. Como noble soldado, peleaba contra los filisteos mientras David alimentaba ovejas.

Jonatán hubiese tenido razón por despreciar a David, pero no lo hizo. Fue cortés. Cortés porque la mano del Maestro Tejedor tomó los corazones de Jonatán y David y realizó una costura entre ellos.

> Cortés porque la mano del Maestro Tejedor tomó los corazones de Jonatán y David y realizó una costura entre ellos.

«Jonatán, por su parte, entabló con David una amistad entrañable y llegó a quererlo como a sí mismo» (1 Samuel 18:1).

Como si los dos corazones fueran dos telas, Dios los unió cosiéndolos. De modo que, cuando uno se movía, el otro lo sentía. Cuando uno se estiraba, el otro lo sabía.

El mismo día en que David derrota a Goliat, Jonatán promete su lealtad.

«Tanto lo quería que hizo un pacto con él: Se quitó el manto que llevaba puesto y se lo dio a David;

también le dio su túnica, y aun su espada, su arco y su cinturón» (18:3-4).

Jonatán reemplaza la ropa de pastor de David por su propia túnica de color púrpura: la vestimenta de un príncipe. Le regala su espada. De hecho, corona a David. El heredero del trono renuncia a este.

Y entonces, protege a David. Cuando Jonatán escucha la trama de Saúl, le informa a su nuevo amigo. Cuando Saúl siguió a David, Jonatán lo escondió. Por lo general, emite advertencias como esta: «Mi padre Saúl está buscando una oportunidad para matarte. Así que ten mucho cuidado mañana; escóndete en algún sitio seguro, y quédate allí» (19:2).

Jonatán le entrega a David una promesa, ropa y protección: «Hay amigos más fieles que un hermano» (Proverbios 18:24). David encontró un amigo así en el hijo de Saúl.

Oh, tener un amigo como Jonatán. Un amigo del alma que lo proteja, que no busque nada, solo su interés, que no quiera nada, solo su felicidad. Un aliado que le permita ser usted. Que lo conozca por dentro y por fuera, que vea más allá de sus debilidades y permanezca leal en todas las estaciones. El poeta William Butler Yeats le concedió gran valor a la amistad. «Mi gloria fue que tuve un buen amigo». Dios le dio a David esa clase de amigo.

Y también le dio uno a usted. David encontró un compañero en el príncipe de Israel; usted puede

> David encontró un compañero en el príncipe de Israel; usted puede encontrar un amigo en el Rey de Israel, Jesucristo.

encontrar un amigo en el Rey de Israel, Jesucristo. ¿No ha hecho un pacto con usted? Entre sus palabras finales, encontramos estas: «Y les aseguro que estaré con ustedes siempre, hasta el fin del mundo» (Mateo 28:20).

¿No lo vistió a usted? Él le ofrece «ropas blancas para que te vistas y cubras tu vergonzosa desnudez» (Apocalipsis 3:18). Cristo lo cubre con ropa adecuada para el cielo.

De hecho, supera a Jonatán. No solo le da su túnica, sino que también se viste con sus harapos. «Al que no cometió pecado alguno, por nosotros Dios lo trató como pecador, para que en él recibiéramos la justicia de Dios» (2 Corintios 5:21).

Jesús lo viste. Y, como a Jonatán, lo equipa. Está invitado a ponerse «toda la armadura de Dios para que puedan hacer frente a las artimañas del diablo» (Efesios 6:11). De sus armas le entrega el cinturón de la verdad, la armadura para el cuerpo de la rectitud, el escudo de la confianza y la espada del Espíritu, que es la Palabra de Dios (vv. 13-17).

Así como Jonatán protegió a David, Jesús promete protegerlo a usted. «Yo les doy vida eterna, y nunca perecerán, ni nadie podrá arrebatármelas de la mano» (Juan 10:28).

¿Añora un verdadero amigo? Tiene uno. Y dado que es así, tiene para elegir. Puede fijarse en su Saúl o en su Jonatán, ponderar la malicia de su monstruo o la bondad de su Cristo.

Beverly[1] eligió maximizar a Cristo. No fue fácil. ¿Cómo puede quitar su enfoque del individuo que la violó? Entró a la casa de Beverly con la excusa de tratar un asunto oficial de negocios. Tenía muchas razones para confiar en él: lo conocía personalmente y era un asociado profesional. Trabajaba para el estado y le pidió una audiencia. Pero él tomó más que el tiempo de la mujer.

Ese hombre negó lo que hizo y cubrió con éxito su hazaña. A medida que continúa ascendiendo en la política, Beverly comienza a verlo en los noticiarios de la noche, lo encuentra en reuniones. Y mientras él finge inocencia, ella por dentro se revuelve.

Pero no de la manera en que solía hacerlo. Dos años después de la violación, esta mujer encontró a su Jonatán. Un amigo le habló de Cristo —su protección, su provisión y su invitación—, y ella lo aceptó. Los recuerdos de esos tan terribles momentos todavía la persiguen, pero no la controlan. No la dejan sola con su Saúl nunca más pues, más que venganza, busca a Cristo, evalúa las elecciones: su compasión o la crueldad del violador. Beverly pondera y alaba la presencia vívida de Jesús, y sabe que haciendo esto cicatriza su alma.

> ¿Añora un verdadero amigo? Tiene uno. Y dado que es así, tiene para elegir. Puede ponderar la malicia de su monstruo o la bondad de su Cristo.

Obsesiónese con su emperador cruel, si prefiere. Píntele cuernos a su imagen. Arrójele dardos a su retrato. Memorice y haga una lista de todas las cosas que le arruinó el tonto: su niñez, su carrera, su matrimonio, su salud. Vivir una vida saturada con Saúl. Revolcarse en el lodo del dolor. Se sentirá mejor, ¿no es cierto?

¿O no?

Yo pasé demasiado, en el verano de la escuela secundaria, enlodándome. El trabajo en un yacimiento de petróleo es sucio, como la realidad lo demuestra. Pero ¿es el más sucio de todos? Sacaba el cieno fuera de los tanques vacíos de aceite, pues el capataz reservaba esa clase de labores para la ayuda

> Si persiste
> demasiado tiempo
> en su infecto dolor,
> olerá como la toxina
> que desprecia.

que llegaba en el verano (gracias, jefe). Nos colocábamos máscaras de gas, alcanzábamos a abrir la puerta de metal y nos metíamos hasta los tobillos en el lodazal contaminado. Mi madre quemó esas ropas de trabajo, pero el hedor permaneció.

Usted puede hacer lo mismo: si persiste demasiado tiempo en su infecto dolor, olerá como la toxina que desprecia.

¿Su mejor opción? Pase el tiempo con su Jonatán. Lamente menos a Saúl y adore más a Cristo. Únase a David como él anuncia:

«¡El Señor vive! ¡Alabada sea mi roca!... Él es el Dios que me vindica, el que pone los pueblos a mis pies. Tú me libras del furor de mis enemigos... me salvas de los hombres violentos. Por eso, Señor, te alabo entre las naciones y canto salmos a tu nombre». (Salmos 18:46-49)

Pase libre y diariamente a través de la galería de su bondad. Tome conciencia de su bondad. Todas las cosas, desde los atardeceres a la salvación. Mire lo que tiene. Su Saúl tomó mucho, pero Cristo le dio más. Permita que Jesús sea el amigo que necesita. Háblele. No se ahorre detalles. Revele su aprensión y describa su temor.

¿Habrá desaparecido su Saúl? Quién sabe. Y en cierto modo, ¿importa eso? Ha encontrado un amigo para su vida. ¿Qué puede ser mejor?

4

DÍAS DESESPERADOS

EL HOMBRE desesperado se sienta en la esquina de la sala de reuniones de la iglesia. La boca seca, las palmas de las manos húmedas. Casi ni se mueve. Siente como si no perteneciese a ese lugar de discípulos, pero ¿dónde más puede ir? Ha violado cada creencia que abriga. Ha lastimado a todas las personas que ama. Ha pasado una noche haciendo lo que había jurado que nunca haría. Y ahora, domingo, se sienta y mira fijamente. No habla. *Si esta gente supiera lo que hice...*

Asustado, culpable y solo.

Podría ser un adicto, un ladrón, un golpeador de niños, un hombre infiel.

Él podría ser una «ella», soltera, embarazada, confundida. Podría ser muchas personas, pues muchas personas se acercan a la gente de Dios en esa condición: sin esperanzas, desventuradas, desamparadas.

¿Cómo reaccionará la congregación? ¿Qué encontrará: críticas o compasión? ¿Rechazo o aceptación? ¿Ceños fruncidos o manos extendidas?

David se pregunta lo mismo. Está prófugo de la justicia, es un hombre requerido en el tribunal de Saúl. Su joven rostro decora en carteles la oficina de correos. Su nombre está a la cabeza en la lista «a matar» de Saúl. Él corre, mirando por sobre su hombro, durmiendo con un ojo abierto y comiendo con su silla cercana a la puerta de salida del restaurante.

¡Qué serie de eventos tan confusos! ¿Fue solo hace dos o tres años atrás que cuidaba rebaños en Belén? Volviendo al pasado, un gran día se encontraba mirando —somnoliento— a las ovejas. Entonces vino Samuel, un profeta de edad madura con una fuente y un cuerno de aceite. El aceite cubrió a David, de la misma manera que lo hizo el Espíritu de Dios.

David pasó de dar serenatas a las ovejas a dar serenatas a Saúl. El muchacho que no mejora, y que es pasado por alto, del basurero de Isaí, pasó a ser motivo de comentarios. El rey Arturo de la Camelot de Israel de esos años, apuesto y humilde. Los enemigos le temían. Jonatán lo amaba. Mical se casó con él. Saúl lo odiaba.

Luego del sexto atentado contra su vida, David entiende la situación. *Saúl no me quiere.* Con un precio por su cabeza y una pandilla sobre sus huellas, besa a Mical, le dice adiós a la vida de palacio y huye.

Pero ¿dónde puede ir? ¿A Belén y hacer peligrar su vida y la de su familia? Esa comienza a ser una opción posterior. Por ahora, elige otra guarida. Va a la iglesia. «Cuando David llegó a Nob, fue a ver al sacerdote Ajimélec» (1 Samuel 21:1).

Los conocedores indican una colina, un kilómetro y medio al noroeste de Jerusalén, como la probable antigua ciudad de Nob. Allí, Ajimélec —nieto de Elí— lideró un monasterio, si puede llamarse así. Ochenta y cinco sacerdotes prestaban servicio en Nob, ganándose el apodo de «el pueblo de los sacerdotes» (22:19). David se apresura a la pequeña ciudad, buscando refugio a causa de sus enemigos.

Su llegada provoca un temor comprensible en Ajimélec. Él «va hacia David tembloroso» (21:1). ¿Qué trajo a un guerrero a Nob? ¿Qué quiere el yerno del rey?

David compra seguridad mintiéndole al sacerdote:

> «Vengo por orden del rey, pero nadie debe saber a qué me ha enviado ni cuál es esa orden... ¿Qué provisiones tienes a mano? Dame unos cinco panes, o algo más que tengas» (21:2-3).

Desesperado, David recurre a no decir la verdad. Esto nos sorprende. Hasta aquí ha sido estelar, impecable, sin manchas; Blancanieves en un molde de bruja de nariz verrugosa. Permaneció tranquilo cuando sus hermanos hablaban con brusquedad, fue fuerte cuando Goliat bramaba, mantuvo la calma cuando Saúl perdió la suya.

Pero ahora miente en la confesión como un mafioso. Descarada y convincentemente. Saúl no lo ha enviado a una misión, no está realizando secretos quehaceres reales, sino que es un fugitivo. De manera injusta, es cierto. Pero un fugitivo al fin. Y al respecto no dice la verdad.

El sacerdote no le hace preguntas. No tiene razones para dudar de aquel que tuvo que abandonar precipitadamente su lugar. No tiene recursos con los que ayudarlo. El sacerdote tiene pan, y no pan común, sino un pan santo. El pan de la Presencia. Cada sábado el sacerdote ubicaba doce hogazas de pan de trigo sobre el altar como ofrenda a Dios. Luego de una semana, y solo después de una semana, el sacerdote y solo el sacerdote puede comer el pan (como si nadie quisiera un pan viejo, de una semana). No obstante, la opción de Ajimélec y su cuello sacerdotal se encogieron.

David no es sacerdote. Y el pan ha estado ubicado sobre el altar. ¿Qué hace Ajimélec? ¿Distribuye el pan y viola la ley? ¿Toma el pan e ignora el hambre de David? Ajimélec busca una escapatoria: «No tengo a la mano pan común y corriente —le contestó el sacerdote—. Podría darte el pan consagrado, si es que tus hombres se han abstenido por lo menos de estar con mujeres» (21:4).

Ajimélec quiere saber si David y sus hombres han estado comportándose bien. Hace responsable al olor a pan fresco, entonces David responde con la mentira número dos y también con un paso teológico número dos. Sus hombres no han posado sus ojos y mucho menos sus manos en una muchacha. ¿Y el pan sagrado? Pone un brazo alrededor del sacerdote, camina con él hacia el altar, y le sugiere: *Sabes, Ajim, el pan es, en efecto, común, aunque haya sido consagrado en la vasija este día* (21:5). Incluso las santas hogazas, razona David, están horneadas y hechas con trigo... ¿El pan es pan, no es cierto?

David, ¿qué estás haciendo? ¿No estás mintiendo lo suficiente? ¿Ahora se comporta en forma imprudente con las Escrituras y persuade con ardides al predicador?

Funciona. El sacerdote le entrega el pan sagrado a David, «ya que no había otro. Era el pan de la Presencia que había sido quitado de delante del Señor y reemplazado por el pan caliente del día» (21:6).

Hambriento, David se traga la comida. Ajimélec probablemente también deglute. Se pregunta si ha hecho lo correcto. ¿Ha violado la ley?, ¿violado la ley?, ¿ha obedecido una ley superior? El sacerdote decidió que el más alto llamado era el de un estómago hambriento. Más que poner atención a los detalles de la ley de Dios, él satisfizo la necesidad del hijo de Dios.

¿Y cómo recompensa David la compasión de Ajimélec? ¡Con otra mentira! «¿No tienes a la mano una lanza o una espada? Tan urgente era el encargo del rey que no alcancé a tomar mi espada ni mis otras armas» (21:8).

La fe de David se está debilitando. No demasiado tiempo atrás la onda del pastor era todo lo que necesitaba. Ahora, el que rechaza la armadura y la espada de Saúl pide un arma al sacerdote. ¿Qué le ha ocurrido a nuestro héroe?

Para el hambre espiritual, la iglesia ofrece nutrición.

Es simple. Ha perdido su enfoque en Dios. Obtuvo demasiado de Goliat. Y como resultado, se propagó la desesperación, engendrando mentiras, agitando el miedo, ensombreciendo la verdad. Sin lugar donde esconderse, sin comida, sin recursos ni medios. Adolescente y embarazada, de edad media y en bancarrota, de edad madura y enferma... ¿dónde puede ir la desesperación?

Pueden ir al santuario de Dios, a la iglesia de Dios. Pueden buscar un Ajimélec, un líder de la iglesia apasionado por las almas desesperadas.

Ajimélec le había dado a David pan y, ahora, este quiere una espada. La única arma en el santuario es una reliquia, la espada de Goliat. La misma que David había usado para guillotinar la cabeza del gigante. Los sacerdotes la exponen como la Galería de la Academia, en Florencia, expone el *David* de Miguel Ángel Buonarroti.

«Esto está bien», dijo David. Y el que había entrado al santuario hambriento y sin armas, se retira con un vientre lleno de pan y la espada del gigante.

El autor y pastor Eugene Peterson ve este intercambio como la función de la iglesia. «El santuario —escribe— es donde yo, como David, obtengo pan y una espada, fuerza para el día y armas para la pelea».[1]

Para el hambre espiritual, la iglesia ofrece nutrición:

«Pues estoy convencido de que ni la muerte ni la vida, ni los ángeles ni los demonios, ni lo presente ni lo por venir, ni los poderes, ni lo alto ni lo profundo, ni cosa alguna en toda la creación, podrá apartarnos del amor que Dios nos ha manifestado en Cristo Jesús nuestro Señor». (Romanos 8:38-39)

Al fugitivo de la iglesia, le ofrece armas de verdad:

«Ahora bien, sabemos que Dios dispone todas las cosas para el bien de quienes lo aman, los que han sido llamados de acuerdo con su propósito». (Romanos 8:28)

Pan y espadas. Alimento y equipo. La iglesia provee ambas cosas. ¿Logra hacer eso? No siempre. Ayudar a la gente nunca es una ocupación satisfactoria. Y no lo es porque la gente que necesita ayuda, no tiene una vida satisfactoria. Entran a la iglesia como fugitivos, buscando cobijo, refugio, a causa de los furiosos saúles, en algunos casos, y por malas decisiones en otros. Los ajimélec de las iglesias (líderes, maestros, pastores y similares) se sienten forzados a elegir no entre el blanco o el negro, sino entre matices grisáceos; no entre lo correcto y lo incorrecto, sino entre cierta degradación de ambos.

> Siga al espíritu de la ley más que a su escritura.

Jesús apela a que la iglesia se conduzca en la dirección de la compasión. Mil doscientos años después, el Hijo de David recuerda la flexibilidad de Ajimélec.

Por aquel tiempo pasaba Jesús por los sembrados en sábado. Sus discípulos tenían hambre, así que comenzaron a arrancar algunas espigas de trigo y comérselas. Al ver esto, los fariseos le dijeron: «¡Mira! Tus discípulos están haciendo lo que está prohibido en sábado». Él les contestó: «¿No han leído lo que hizo David en aquella ocasión en que él y sus compañeros tuvieron hambre? Entró en la casa de Dios, y él y sus compañeros comieron los panes consagrados a Dios, lo que no se les permitía a ellos, sino solo a los sacerdotes. ¿O no han leído en la ley que los sacerdotes en el templo profanan el sábado sin incurrir en culpa?». (Mateo 12:1-5)

Al final del día del santuario, la pregunta no es cuántas leyes ha violado, sino a cuántos David alimentó y equipó. Ajimélec enseña en la iglesia a seguir al espíritu de la ley más que a su escritura.

> David enseña al desesperado a buscar ayuda entre el pueblo de Dios.

David enseña al desesperado a buscar ayuda entre el pueblo de Dios. David tropieza en esta historia. Las almas desesperadas siempre lo hacen. Pero al menos tropieza en el lugar correcto, en el santuario de Dios, donde se encuentra Dios y asiste a los corazones desesperados.

Para prueba, retornemos a la historia con la cual comenzamos: el jadeante, desaliñado hombre que se sienta en la asamblea de la iglesia.

¿He mencionado el tamaño de la congregación? Era pequeña. Más o menos una docena de almas agrupadas todas para darse fuerzas. ¿Le dije la ubicación de la reunión? Una habitación prestada en Jerusalén. ¿Y el día? Domingo. El domingo después de la crucifixión del viernes. El domingo siguiente a la traición de la noche del jueves.

Una iglesia de discípulos desesperados.

Pedro se encoge en la esquina de la habitación y cubre sus oídos, pero no puede silenciar el sonido de su promesa vacía: «Estoy dispuesto a ir contigo tanto a la cárcel como a la muerte», juró (Lucas 22:33). Pero su coraje se derritió en el fuego y el temor de la medianoche. Y ahora él y el otro fugitivo se preguntan qué lugar tiene Dios para ellos. Jesús responde la pregunta caminando a través de la puerta.

Él trae pan para sus almas. «La paz sea con ustedes» (Juan 20:19). Trae una espada para la lucha. «Reciban el Espíritu Santo» (v. 22).

Pan y espadas. Él le da ambas cosas al desesperado.

Todavía.

> Dios trae pan para nuestras almas («La paz sea con ustedes») y una espada para la lucha («Reciban el Espíritu Santo»).

5

ÉPOCAS DE SEQUÍA

EL MAR MUERTO está agonizando. Retrocede, gota a gota, a razón de un metro por año. Galilea envía su fresco fluido a través del Canal de Jordania; el agua es digna del bautismo del Mesías. Pero el Mar Muerto se empobrece: oscuridad, acidez, se crea un cementerio salino.

Usted encuentra poca vida en sus aguas, en sus alrededores. Amenazantes acantilados se levantan en el oeste, aplanados, a sesenta metros. La erosión ha marcado la tierra en una tiranía de cuevas, surcos y escasos cañones: un hogar para las hienas, iguanas y buitres... y para David. No por casualidad, imagínese. Él no quiso intercambiar el palacio por la tierra inhóspita. Nadie elige el desierto. De todas direcciones llegan hasta usted calor y lluvia, tormentas de arena y granizo. Preferimos habitaciones con aire acondicionado y callejones seguros.

Pero algunas veces no tenemos poder de decisión. La calamidad golpea y el techo se raja. El tornado nos levanta y nos deja tirados en el desierto. No en el desierto del sudeste de Israel, pero sí en el desierto del alma.

Una estación de sequía.

El aislamiento marca cada estación. Saúl ha aislado de forma eficiente y sistemática a David de cada fuente de estabilidad.

Su media docena de intentos de asesinato culminó con la carrera militar de David. Su persecución abrió una brecha en su matrimonio. Luego que la esposa de David, Mical, lo ayudó a escapar, Saúl le pidió una explicación: «Tuve que hacerlo», mintió. «Él me amenazó con matarme si no lo dejaba escapar» (1 Samuel 19:17). David nunca más confió en su esposa. Continuaron casados, pero dormían en camas diferentes.

> El desierto comienza con la desconexión y continúa con el engaño.

David corre de la corte de Saúl a la casa de Samuel. Pero tan rápidamente como llega, alguien le dice a Saúl: «¡Toma nota! ¡David está en Nayot de Ramá!» (19:19).

David corre hacia Jonatán, su compañero del alma. Jonatán quiere ayudarlo, pero ¿qué puede hacer? ¿Dejar la corte en manos de un loco? No, Jonatán tiene que quedarse con Saúl. David se siente devastado.

Sin lugar en la corte.

Sin posición en el ejército.

Sin esposa, sin sacerdote, sin amigo.

Nada que hacer, excepto correr. El desierto comienza con la desconexión y continúa con el engaño.

Vimos el engaño de David en Nob, el pueblo de los sacerdotes. El pueblo era sagrado, pero David era cualquier cosa menos eso. Mentía cada vez que abría la boca.

David empeora en vez de mejorar. Escapa de Gat, el lugar de nacimiento de Goliat. Trata de forjar una amistad sobre la base de un adversario mutuo. Si su enemigo es Saúl, y mi enemigo es Saúl, empezamos a ser amigos, ¿verdad?

Pero en este caso es erróneo.

Los hititas no son hospitalarios. «¿No es este David, el rey del país? ¿No es él por quien danzaban, y en los cantos decían: "Saúl mató a sus miles, pero David, a sus diez miles"?» (21:11).

David entra en pánico. Es un cordero en una manada de lobos. Hombres altos, más altos que muros. Miradas penetrantes, espadas penetrantes. Nos gustaría escuchar una oración de su Pastor; nos gustaría apreciar un pronunciamiento de la fuerza de Dios. No retenga su respiración. David no ve a Dios, ve problemas. Entonces toma los asuntos en sus propias manos.

Aparenta estar demente, araña las puertas y se babea la barba. Finalmente, el rey de Gat le dice: «¿Acaso me hacen falta más locos, que encima me traen a este para hacer sus locuras en mi presencia? ¡Sáquenlo de mi palacio! David se fue de Gat y huyó a la cueva de Adulán» (21:14—22:1).

¿Nos atrevemos a imaginar a David? Mira con ojos electrizados. Tiembla como una gelatina. Saca la lengua, se revuelca en la suciedad, gruñe y se ríe, se sacude y babea. David finge sufrir un ataque de epilepsia.

Los filisteos creían que «a un epiléptico lo poseía el diablo de Dagón, que hace a los esposos impotentes, a las mujeres estériles, que los niños mueran y que los animales vomiten». Cada gota de sangre de un epiléptico se multiplica en un diablo más. Los filisteos los hacían salir de sus ciudades hacia el desierto, para que muriesen.[1] Y eso es lo que hicieron con David. Lo empujaron fuera de las puertas de la ciudad y lo dejaron sin lugar adónde ir.

No podía ir a la corte de Saúl ni a la casa de Mical, a la ciudad de Samuel ni a la seguridad de Nob. Entonces se dirige al único lugar posible, el lugar donde nadie va porque nadie sobrevive. Va al desierto, a la tierra salvaje. Al enjambre de cañones que dominan desde lo alto al Mar Muerto. Encuentra una cueva, la cueva llamada Adulán. Allí halla protección, silencio y seguridad. Se estira sobre la tierra fresca, cierra los ojos y comienza su década en el desierto.

¿Puede usted identificarse con la historia de David?

¿Lo ha separado su Saúl de la posición que tenía y de la gente que ama?

En un esfuerzo por caer bien parado, ¿ha modificado o distorsionado la verdad o los hechos?

¿Está buscando refugio en Gat? Bajo circunstancias normales, usted nunca iría allí. Pero esas no son circunstancias normales, entonces merodea las tierras de los gigantes. La ciudad natal del problema. Los brazos de esa mujer o ese bar. Recorre sospechosas calles y frecuenta lugares cuestionables. Y mientras eso ocurre, se vuelve loco. Entonces la muchedumbre lo aceptará, el estrés no lo matará y se convertirá en un salvaje. Se despierta en una cueva en el Mar Muerto, en la gruta de Adulán, en el punto más bajo de su vida, sintiéndose tan mudo como una habitación llena de yunques. Usted mira fijamente afuera: al futuro árido, áspero, sin gente, y pregunta: «¿Qué hago ahora?».

Le sugiero permitirle a David ser su maestro. Seguro, él se vuelve loco por unos pocos versículos. Pero en la cueva de Adulán, se encuentra a sí mismo. El pastor lleno de fe emerge a la superficie otra vez. El que mató al gigante redescubre su coraje. Sí, tiene un precio su cabeza. Sí, no tiene lugar donde apoyarla, pero de alguna forma la sostiene.

Vuelve su centro a Dios y encuentra refugio.

Refugio surge como una palabra preferida por David. Circule sus apariciones en el libro de los Salmos y contará como cuarenta veces. Pero David nunca usó la palabra de forma más patética como en el Salmo 57. La introducción al pasaje explica su trasfondo. «Poema de David, cuando había huido de Saúl y estaba en una cueva».

Imagínese al hijo de Isaí en la oscuridad; sobre sus rodillas, quizá con su rostro perdido en las sombras y en los pensamientos. No tiene ningún lugar dónde volver. Ir a su casa implicaría poner en riesgo a su familia, y si se dirigiese al tabernáculo pondría en peligro a los sacerdotes. Saúl lo mataría; Gat no lo querría. Mintió en el santuario, se hizo pasar por loco con los filisteos y aquí se sienta. Solo.

Pero entonces recuerda que no está solo. Y del hueco de la cueva una dulce voz flota:

«Ten compasión de mí, oh Dios; ten compasión de mí, que en ti confío. A la sombra de tus alas me refugiaré». (v. 1)

Haga de Dios su refugio. No su trabajo, su esposa, su reputación ni su cuenta de jubilación. Haga de Dios su refugio. Permítale a Él, no a Saúl, que lo rodee. Permítale ser el techo que rompe el sol, las paredes que paran el viento, el fundamento sobre el cual se erige.

El morador de una cueva se acercó recientemente a nuestra iglesia. Llevaba el olor de Adulán. Recién había enterrado a su mujer, y su hija estaba más enferma a medida que los días transcurrían. Y sin embargo, en la tierra árida, este hombre encontró a Dios. Cuando esto ocurrió, escribí su descubrimiento en la hoja en blanco para anotaciones de mi Biblia: «Tú nunca sabrás que Jesús es todo lo que necesitas hasta que Jesús sea todo lo que tengas».

Los sobrevivientes de los desiertos encuentran refugio en la presencia de Dios.

Ellos también descubren una comunidad entre el pueblo de Dios.

«David se fue de Gat y huyó a la cueva de Adulán. Cuando sus hermanos y el resto de la familia se enteraron, fueron a verlo allí. Además, se le unieron muchos otros que estaban en apuros, cargados de deudas o amargados. Así, David llegó a tener bajo su mando a unos cuatrocientos hombres». (1 Samuel 22:1-2)

No es lo que llamaría un cuerpo de cadetes de West Point. Con deudas, con problemas o descontentos. Vaya gente. Inadaptada, sí. Desechos, no hay dudas. Rechazados. Marginados. Perdedores.

Así como en la iglesia. ¿No estamos descontentos, angustiados y somos deudores?

Fíjense bien amigos lo que eran cuando fueron llamados a esta vida. Yo no veo muchos de «los más brillantes y los mejores» entre ustedes, no mucha es gente influyente, de familia de alta sociedad. ¿No es obvio que Dios, deliberadamente, eligió hombres y mujeres que la cultura pasa por alto y explota y abusa, que Dios eligió a esos «nadie» para revelar las huecas pretensiones de los «alguien»? (1 Corintios 1:26-28, paráfrasis).

Las congregaciones fuertes están pobladas de actuales y antiguos moradores de cuevas, gente que conoce el terreno de Adulán. Dijeron unas pocas mentiras en Nob. Se volvieron locos en Gat. Y no lo han olvidado. Y porque eso es así, imitan a David: le hacen a usted un lugar.

¿Quién era David para rechazar a esos hombres? No es un candidato a arzobispo, sino un imán que atrae a la gente marginal. Por eso David crea una comunidad de desavenidos buscadores de Dios. Dios forja un desavenido grupo fuera de ellos: «Y cada día se le unían más soldados a David, hasta que llegó a tener un ejército grande y poderoso» (1 Crónicas 12:22).

Gat. Desierto. Adulán.

Locura. Soledad. Restauración.

David crea los tres. Lo mismo hizo Whit Criswell. Ese nativo de Kentucky se crio en un hogar cristiano. Durante su juventud formaba parte de una iglesia cristiana. Pero comenzó a jugar; diariamente arriesgaba sus ingresos en partidos de béisbol. Perdió más de lo que ganó, y se encontró en una situación desesperada, debiéndole a su corredor

> Nunca sabrá que
> Jesús es todo lo que
> necesita hasta que
> Jesús sea todo lo que
> tenga. ¿Está usted
> en su desierto?
> Encuentre refugio
> en la presencia del
> Señor. Encuentre
> consuelo en su
> pueblo.

de apuestas. Decidió entonces malversar fondos del banco donde trabajaba. Bienvenido a Gat.

Fue solo cuestión de tiempo: el auditor detectó un problema y le pidió una cita. Criswell supo que lo habían descubierto. La noche anterior a ese encuentro no pudo dormir. Y resolvió tomar el sendero de Judas. Le dejó una carta a su mujer diciéndole que se suicidaría, manejó hasta Lexington, estacionó el auto y puso el revólver en su cabeza. No pudo disparar, entonces hizo un tiro de práctica a través de la ventanilla del auto. Luego haló el percutor del arma, lo puso sobre su sien y murmuró: «Vamos, continúa, aprieta el gatillo, repugnante. Esto es lo que mereces». Pero no pudo hacerlo. El temor que sintió al pensar que podría ir al infierno hizo que no perdiera la vida.

Finalmente, al amanecer, volvió a su casa, destruido. Su esposa había encontrado la carta y había llamado a la policía. Ella lo abrazó. Los oficiales lo esposaron y lo condujeron fuera. Pero ese hombre enseguida fue humillado y liberado: la humillación fue porque lo arrestaron frente a su familia y a los vecinos, pero se liberó de las cadenas de la mentira. No tuvo que mentir nunca más.

Whit Criswell estuvo en prisión. Allí entró en razón: volvió a su fe. Una vez en libertad, se sumergió en el trabajo de la iglesia local, haciendo lo que se necesitaba hacer.

Luego de unos años, pasó a formar parte de la junta directiva de la congregación. En 1998, otra área de la iglesia le pidió que sirviese como ministro. Cuando este libro se estaba escribiendo, la iglesia se había convertido en una de las congregaciones de más rápido crecimiento en Kentucky.[2]

Otro David restaurado.

¿Está usted en su desierto? Llegue hasta Dios como un fugitivo lo haría hasta una cueva. Encuentre refugio en la presencia del Señor.

Encuentre consuelo en su pueblo. Arroje su sombrero en una congregación de personas que es un regalo de gracia extraído de la tragedia, la adicción y el desastre. Busque la comunidad en la iglesia de Adulán.

Refúgiese en la presencia de Dios. Confórtese entre el pueblo de Dios. Su clave para sobrevivir al desierto. Haga esto y, quién sabe, en medio de este desierto tal vez pueda escribir su más dulce salmo.

6

GENERADORES DE DOLOR

EL SÍMBOLO MÁS sagrado en Oklahoma City, Oklahoma, es un árbol: un olmo americano, de abundante follaje, que da mucha sombra, de unos noventa años. Los turistas viajan muchos kilómetros para verlo, las personas se fotografían junto a él y los ecologistas lo protegen. Lo encontramos como motivo de carteles y membretes. Sin embargo, hay otros árboles que crecen más altos, más tupidos y aun más verdes, pero a ninguno se le quiere de la misma manera. La ciudad atesora este árbol no por su apariencia, sino por su resistencia.

Permaneció incólume ante el atentado con explosivos en Oklahoma City.

Timothy McVeigh estacionó su mortal camión a solo unos metros del árbol. Su maldad mató a 168 personas, hirió a 850, destruyó el Edificio Federal Alfred P. Murrah y enterró al árbol entre los escombros. Nadie esperaba que sobreviviera. Nadie, de hecho, pensó en un árbol lleno de polvo y con ramas desnudas.

Pero comenzó a brotar.

Los retoños presionaban a través de las cortezas lastimadas, las hojas verdes empujaban para salir del grisáceo hollín. La vida resucitaba en un campo de muerte y la gente lo notó. El árbol ejemplificó la resistencia deseada por las víctimas. Por eso la comunidad le dio un nombre: el «Árbol superviviente».[1]

Los Timothy McVeigh todavía conmueven a nuestro mundo. Todavía, inexplicablemente, inexcusablemente, nos mutilan y aterrorizan. Deseamos imitar al árbol, sobrevivir al malvado, erigirnos por encima de las ruinas. Pero ¿cómo?

David puede darnos algunas ideas. Cuando Saúl se introduce a lo McVeigh en el mundo de David, este se arroja al desierto, donde encuentra refugio en las cuevas cercanas al Mar Rojo. Varios cientos de fieles lo siguen. Lo mismo hizo Saúl. Y en dos dramáticas escenas, David ejemplifica cómo dar gracia a la persona que no hizo otra cosa más que darnos dolor.

Escena uno. Saúl les indica a sus hombres que se detengan. Ellos lo hacen. Trescientos soldados cesan su marcha y caminan hacia la ladera de la montaña.

La región de Engadi hierve a fuego lento en el corazón del horno de ladrillos. Los rayos del sol se sienten como dagas sobre la nuca de los soldados. Hay lagartos recostados bajo las rocas, escorpiones que persisten en la suciedad y serpientes, como Saúl, que buscan descansar en la cueva.

Saúl entra en la cueva «para hacer sus necesidades. David estaba escondido en el fondo de la cueva, con sus hombres» (1 Samuel 24:3). Con ojos irritados por el sol del desierto, el rey no percibe las figuras silenciosas que se alinean en las paredes.

Pero usted no sabe que lo ven. Mientras Saúl hace caso a un llamado de la naturaleza, una docena de ojos se agrandan. Sus mentes se aceleran y las manos alcanzan los puñales. Un empujón del cuchillo conducirá al fin de la tiranía de Saúl. Pero David les señala a sus hombres que se contengan. Avanza a lo largo de las paredes, desenvaina su cuchillo y corta... la ropa de Saúl. David entonces se arrastra hacia atrás, dentro del hueco de la cueva.

Los hombres de David, al ver esto, no pueden creer lo que su líder ha hecho. Nadie más que David. Sus sentimientos no reflejan los de ellos. Piensan que ha hecho demasiado poco; sin embargo, él cree que ha hecho mucho. Y más que ufanarse, se arrepiente.

Y al sentirse culpable por haber cortado un ángulo de la vestimenta de Saúl, les dice a sus hombres: «¡Que el Señor me libre de hacerle al rey lo que ustedes sugieren! No puedo alzar la mano contra él, porque es el ungido del Señor» (24:5-6).

Saúl sale de la cueva y David lo sigue. Con el trozo de la prenda en su mano, grita: «Pude haberte matado y no lo hice».

Saúl mira hacia arriba, pasmado, y se pregunta en voz alta: «¿Quién encuentra a su enemigo y le perdona la vida?» (24:19).

David lo hará. Más de una vez.

Solo un par de capítulos más tarde, Saúl, una vez más, intenta atrapar a David. Y este, una vez más, actúa con astucia. Mientras el grupo del rey duerme, el temerario David y un soldado sigilosamente se alinean hasta quedar directamente sobre el cuerpo del rey, que roncaba. El soldado suplica: «¡Este es el momento! Hoy ha puesto Dios en tus manos a tu enemigo... Déjame matarlo. De un solo golpe de lanza lo dejaré clavado en el suelo. ¡Y no tendré que rematarlo!» (26:8).

Pero David lo detiene. En lugar de matarlo, toma la lanza de Saúl y su jarra de agua, y se van del campamento. Entonces, desde una distancia segura, despierta a Saúl y a sus hombres con un anuncio: «Hoy él lo había puesto a usted en mis manos, pero yo ni siquiera me atreví a tocar al ungido del Señor» (26:23).

Una vez más, David perdona la vida de Saúl.

Una vez más, David muestra una mente colmada de Dios. ¿Quién domina sus pensamientos? «¡Que el Señor... él lo había puesto... al ungido del Señor... quiera el Señor» (26:23-24).

> La venganza fija su atención en las circunstancias más desagradables de la vida.

Una vez más, pensamos sobre el proveedor del dolor en nuestras vidas. Una cosa son las bendiciones para los amigos, pero ¿querer bendiciones para aquellos que nos causan dolor? ¿Usted podría? ¿Podría imitar a David si estuviera con el Darth Vader de sus días?

Quizá podría. Algunas personas parecen bendecidas con misericordia. Perdonan, no son rencorosas ni cuentan sus dolores. A otras (¿la mayoría de nosotros?) les resulta difícil perdonar a nuestros saúles.

Perdonamos al que nos ofende una vez, imagínese. Desestimamos al que toma el lugar en el estacionamiento, a los que rompen las citas e incluso al ladrón de billeteras. Podemos dejar pasar el delito menor, pero ¿el delito grave?

¿El ofensor recurrente? ¿El Saúl que se apodera de nuestra juventud, de nuestra jubilación o de nuestra salud?

Si ese canalla hubiera buscado refugio en su cueva o si se hubiera recostado a dormir a sus pies... ¿haría usted lo que hizo David? ¿Podría perdonar a la escoria que lo lastimó?

Fallar en hacer eso sería fatal: «El resentimiento mata a los necios; la envidia mata a los insensatos» (Job 5:2).

La venganza fija su atención en las circunstancias más desagradables. Congela su mirada en determinados momentos dolorosos de su pasado. ¿Es eso lo que quiere mirar? ¿Congelar y revivir su dolor lo hará una mejor persona? De ninguna manera. Eso lo destruirá.

Estoy pensando en un viejo número de comedia. Joe se quejaba con Jerry del irritante hábito de un amigo común. El tipo empujaba con su dedo el pecho de Joe mientras hablaba. Eso, a Joe, lo volvía loco. Entonces decidió ajustar cuentas. Le mostró a Jerry una pequeña botella con un alto explosivo de nitroglicerina ajustado a una cuerda. Y le explicó: «Voy a usar esto alrededor de mi cuello, haciendo que la botella cuelgue exactamente donde apunta su dedo. La próxima vez que lo pegue a mi pecho, pagará por eso».

> Los destructores de enemigos necesitan dos tumbas.

Claro que no tanto como Joe... ¿no es cierto? Los destructores de enemigos necesitan dos tumbas. «No te dejes llevar por el enojo que solo abriga el corazón del necio» (Eclesiastés 7:9).

Ojo por ojo se convierte en cuello por cuello, trabajo por trabajo y reputación por reputación. ¿Cuándo termina eso? Termina cuando una persona imita la mente de David, dominada por Dios.

Enfrentó a Saúl como enfrentó a Goliat, orientándose más hacia Dios. Cuando los soldados, en la cueva, exhortaron a David a que matara a Saúl, fíjese quién ocupó los pensamientos de David: «¡Que el Señor me libre de hacerle al rey lo que ustedes sugieren! No puedo alzar la mano contra él, porque es el ungido del Señor» (1 Samuel 24:6).

Cuando llamó a Saúl desde la entrada de la cueva, «David, postrándose rostro en tierra, se inclinó» (24:8). Luego reiteró su convicción: «No puedo alzar la mano contra el rey, porque es el ungido del Señor» (24:10).

En la segunda escena, durante el ataque de la segunda noche al campamento, David mantuvo su creencia: «¿Quién puede impunemente alzar la mano contra el ungido del Señor?» (26:9).

Cuento seis ocasiones diferentes en las que David llamó a Saúl «ungido del Señor». ¿Puede usted pensar en algún otro término que podría haber utilizado David? Algunos vienen a mi mente, como *rata* o cerdo, pero no el que usó David. No vio a Saúl como enemigo, sino a Saúl el ungido. Rechazaba ver al que le proporcionaba dolor de ninguna otra manera más que como a un hijo de Dios. David no aplaudió el comportamiento de Saúl, solo supo que el propietario de Saúl era Dios. David filtró su visión de Saúl a través de la perspectiva del cielo. El rey todavía pertenecía a Dios y eso le daba a David esperanzas.

Hace algunos años, un Rottweiler atacó a nuestra cachorra de caza en un centro de entrenamiento. El agresivo animal casi la mata. Dejó a nuestra Molly con docenas de heridas profundas y con una oreja colgando. Mis sentimientos hacia ese animal eran menos que los de David. Déjenos a los dos en una cueva, solo hubiera salido uno... Le escribí una carta al dueño del perro exhortándolo a que pusiera al perro a «dormir para siempre».

Pero cuando le mostré la carta a la dueña del centro de entrenamiento, me rogó que lo reconsiderara. «Lo que el perro hizo fue horrible, pero lo estoy entrenando. No he terminado con él todavía».

Dios diría lo mismo acerca del Rotweiller que lo atacó a usted. «Lo que hizo fue inconcebible, inaceptable e inexcusable, pero todavía no he terminado».

Sus enemigos aún figuran en los planes de Dios. Su pulso es una prueba. Dios no los abandonó. Tal vez puedan estar fuera de la voluntad del Señor, pero no fuera del alcance de Él. Usted le hace honor a Dios cuando los ve no como fallas de Dios, sino como proyectos de Él.

Además, ¿quién nos asignó a nosotros la tarea de vengarnos? David entendió esto. De su boca, en la cueva, salió esta declaración: «¡Que el Señor juzgue entre nosotros dos! ¡Y que el Señor me vengue de usted! Pero mi mano no se alzará contra usted... ¡Que sea el Señor quien juzgue y dicte la sentencia entre nosotros dos! ¡Que examine mi causa, y me defienda y me libre de usted!» (24:12, 15).

Dios ocupa la única silla en la suprema corte del cielo. Él usa la toga y rechaza compartir el martillo. Por esta razón, Pablo escribió: «No tomen venganza, hermanos míos, sino dejen el castigo en las manos de Dios, porque está escrito: "Mía es la venganza; yo pagaré", dice el Señor» (Romanos 12:19).

La venganza saca a Dios de la ecuación. Los vigilantes reemplazan a Dios. «No estoy seguro de que pueda manejar esto, Señor. Podría castigar muy poco o en forma muy lenta. Yo tomaré este asunto en mis manos, gracias».

> Vea a sus enemigos no como fallas de Dios, sino como proyectos de Él.

¿Es esto lo que quiere decir? Jesús no lo dijo. Nadie tuvo un sentido más claro de lo correcto y de lo incorrecto que el perfecto Hijo de Dios. Aun «cuando proferían insultos contra él, no replicaba con insultos; cuando padecía, no amenazaba, sino que se entregaba a aquel que juzga con justicia» (1 Pedro 2:23).

Solo Dios emite juicios certeros. Nosotros imponemos juicios demasiado livianos o severos. Dios imparte una justicia perfecta. Las represalias son su tarea. Deje a sus enemigos en manos de Dios. Él no está respaldando el mal comportamiento de ellos cuando usted hace esto. Puede odiar lo que alguien hizo sin dejar que eso lo consuma. Perdonar no es una excusa.

Tampoco lo es aparentar el perdón. David no encubrió o esquivó el pecado de Saúl. Lo trató directamente. No evitó el tema, pero evitó a Saúl. «Saúl volvió a su palacio, y David y sus hombres subieron al refugio» (1 Samuel 24:22).

Haga lo mismo. Otorgue bendición, pero si lo necesita, mantenga la distancia. Puede perdonar al marido abusivo sin vivir con él. Sea rápido en otorgar misericordia al pastor inmoral, pero vaya más lentamente en la concesión de un púlpito. La sociedad puede dispensar los términos bendición y prisión al mismo tiempo. Ofrecerle al niño abusador una segunda oportunidad, pero mantenerlo fuera del patio de juegos.

Perdonar no es una necedad.

Perdonar es, esencialmente, decidir ver a su ofensor con otros ojos. Cuando algunos misioneros de Moravia llevaron el mensaje de Dios a los esquimales, se esforzaron por encontrar una palabra en la lengua nativa para decir perdón. Finalmente, llegaron a una engorrosa opción de veinticuatro letras, *issumagijoujungnainermik*. Este formidable conjunto de letras es literariamente traducido como «Ser capaz de no pensar más en el tema».[2]

Perdonar es continuar, no pensar acerca de la ofensa nunca más. No la excusa, ni aprueba ni abraza. Solo encamina sus pensamientos en ellos a través del cielo. Usted ve a sus enemigos como los hijos de Dios y la represalia como el trabajo del Señor.

> Perdonar es, esencialmente, decidir ver a su ofensor con otros ojos.

Por otra parte, ¿podemos hacer algo menos que conceder bendiciones? ¿Atrevernos a pedir a Dios bendición cuando rechazamos darla? Este es un tema importante en las Escrituras. Jesús fue duro con los pecadores que rechazaban perdonar a otros pecadores. ¿Recuerda la historia sobre el servidor al que le perdonaron una deuda de millones, y que rechazaba perdonar una deuda de peniques? Él provocó la ira de Dios: «¡Siervo malvado! —le increpó—. Te perdoné toda aquella deuda... ¿No debías tú también haberte compadecido... así como yo me compadecí de ti?» (Mateo 18:32-33).

En resumidas cuentas, damos gracia porque nos han dado gracia. Sobrevivimos porque imitamos al árbol superviviente. Extendemos nuestras raíces más allá de la zona de la explosión. Tenemos acceso a la humedad más allá de la explosión. Cavamos profundo y más profundo hasta que obtenemos la humedad de la misericordia de Dios.

A nosotros, como a Saúl, nos han dado gracia.

Nosotros, como David, podemos entregarla abiertamente.

7

COMPORTAMIENTO
BRUTAL

Ernest Gordon gime en la Casa de la Muerte en Chungkai, Burma. Escucha las quejas de los moribundos y huele el hedor de la muerte. El calor implacable de la jungla le tuesta la piel y le seca la garganta. Si hubiera tenido la fuerza, podría haber envuelto una mano alrededor de su huesudo muslo, pero ya no tiene ni energía ni interés. La difteria ha hecho que se les agotaran ambas cosas; no puede caminar ni puede sentir su cuerpo. Comparte un catre con moscas, chinches y aguarda una muerte solitaria en un campo de prisioneros de guerra japonés.

Qué dura ha sido la guerra para él. Entró en la Segunda Guerra Mundial en sus tempranos veinte años, como un robusto soldado de Escocia, perteneciente a las Brigadas Argyll y Sutherland. Pero luego vino la captura por parte de los japoneses, meses de ardua y exhaustiva labor en la jungla, golpes cotidianos y una lenta inanición. Escocia parece para siempre fuera de su vida. Y la urbanidad, aun más lejos.

Los soldados aliados se comportaban como bárbaros, robándose entre ellos, robándoles a los agonizantes colegas, peleando por pedacitos de comida. Las escasas raciones de alimento hacían que se debiera obtener algo extra por propios medios. Y la ley de la selva comenzó a ser la misma del campamento.

Gordon es feliz por decirle adiós a la vida. La muerte a causa de las enfermedades triunfa en Chungkai. Pero entonces algo maravilloso ocurre. Transfieren al campo a dos nuevos prisioneros, en los que las esperanzas todavía existían. Aunque enfermos y frágiles, ponen en práctica un código de valores más alto. Comparten su exiguo alimento y realizan trabajo voluntario extra. Limpian las doloridas úlceras de Gordon y masajean sus atrofiadas piernas. Le dan su primer baño en seis semanas. Su fuerza lentamente comienza a retornar y, con eso, su dignidad.

Su bondad prueba ser contagiosa y Gordon los imita. Empieza a compartir su ración y a ocuparse de los enfermos. Es más, entrega sus pocas pertenencias. Otros soldados, al verlo, hacen lo mismo. Luego de un tiempo, la situación en el campo se hizo más tierna y más luminosa. El sacrificio remplaza al egoísmo. Los soldados comenzaron a realizar servicios de adoración y a estudiar la Biblia.

Veinte años después, cuando Gordon se desempeñó como capellán de la Universidad de Princeton, describió la transformación con estas palabras:

«La muerte estaba con nosotros, no hay dudas sobre ello. Pero estábamos lentamente liberándonos de su destructiva adherencia. La avaricia, el odio y el orgullo eran todo lo contrario a la vida. El amor, el sacrificio y la fe, por otro lado, eran la esencia de la vida misma. Obsequios de Dios al hombre... La muerte no tuvo más la última palabra en Chungkai».[1]

No tiene que ir a un campo de prisioneros de guerra para encontrar egoísmo, odio y orgullo. En una sala de reuniones de una corporación, en una habitación matrimonial o en las áreas poco habitadas de un país, el código de la jungla está bien vivo. *Cada uno, por lo suyo. Obtiene todo lo que puede y acapara todo lo que obtiene. La ley del más fuerte.*

¿Contamina este código su mundo? ¿Dominan los pronombres posesivos el lenguaje de su círculo? *Mi* carrera, *mis* sueños, *mis* cosas. Quiero que las cosas se encaminen a *mi* tiempo y a *mi* forma. Si es así, usted sabe qué bárbaro puede ser ese gigante. Y cada vez con más frecuencia, un diamante brilla en el barro. Un camarada comparte, un soldado se preocupa o Abigaíl, la deslumbrante Abigaíl, se yergue en su camino.

Ella vivió en la época de David en la tierra de los filisteos, y estaba casada con Nabal, cuyo nombre significa «tonto» en hebreo. Y estuvo a la altura de esa definición.

Piense en él como el Saddam Hussein del territorio. Poseía ganado y estaba orgulloso de él. Mantenía su bar repleto de licor, sus romances, manejaba una alargada limusina, sus asientos en la NBA [los juegos de baloncesto] estaban en la primera fila, su jet era un Lear y era un asiduo concurrente a Las Vegas, los fines de semana, fanático del muy popular juego de cartas de póquer Texas Hold'em. Media docena de guardias de seguridad del tamaño de los jugadores defensivos lo seguían dondequiera que fuese.

Nabal necesitaba protección. Era «insolente y de mala conducta... Tiene tan mal genio que ni hablar se puede con él» (1 Samuel 25:3, 17).[2] Aprendió las habilidades de la gente en el zoológico local. Nunca encontró a una persona con la que no pudiera enojarse o una relación que no pudiera estropear. El mundo de Nabal giraba en torno de Nabal. No compartía nada con nadie y reía de solo pensarlo.

Sobre todo con David.

David jugó el rol de Robin Hood en el desierto. Él y sus seiscientos soldados protegían a los granjeros y pastores de los vándalos y beduinos. Israel no tenía fuerzas policiales ni patrullas, por ese motivo David y sus poderosos hombres encontraron en la campiña una imperiosa necesidad. Vigilaban con suficiente eficiencia como para provocar que uno de los pastores de Nabal dijese: «Día y noche nos protegieron mientras cuidábamos los rebaños cerca de ellos» (25:16).

David y Nabal cohabitaban el mismo territorio con la armonía de dos toros en las mismas pasturas. Ambos fuertes y cabezas duras. Fue cuestión de tiempo para que colisionaran.

Los problemas comenzaron a gestarse luego de la cosecha. Con el cordero esquilado y el heno juntado, era tiempo de hornear el pan, asar el cordero y servir el vino. Tomarse un respiro de los surcos y rebaños así como también disfrutar de la fruta y de la labor. Como recogemos la historia, los hombres de Nabal estaban haciendo solo eso.

David sabe de la gala y piensa que sus hombres merecen una invitación. Después de todo, ellos han estado protegiendo los cultivos y las ovejas, patrullado las colinas y asegurado los valles. Merecen un poco de recompensa. David envía a diez hombres a Nabal con este pedido: «Te agradeceré que recibas bien a mis hombres, pues este día hay que celebrarlo. Dales, por favor, a tus siervos y a tu hijo David lo que tengas a la mano» (25:8). El grosero de Nabal se burla al pensar:

> «¿Y quién es ese tal David? ¿Quién es el hijo de Isaí? Hoy día son muchos los esclavos que se escapan de sus amos. ¿Por qué he de compartir mi pan y mi agua, y la carne que he reservado para mis esquiladores, con gente que ni siquiera sé de dónde viene?». (25:10-11)

Nabal aparenta no haber escuchado nunca sobre David, confundiéndolo con fugitivos esclavos y vagabundos. Ese tipo de insolencia enfurece a los mensajeros, que dan media vuelta y vuelven con un completo informe a David.

David no necesita escuchar las novedades dos veces. Les dice a los hombres que formen un grupo. O, más precisamente: «¡Cíñanse todos la espada!» (25:12).

Cuatrocientos hombres se juntaron y partieron. Miradas enfurecidas. Narices que echan fuego. Labios que gruñen. Testosterona que fluye. David y su tropa tronaban sobre Nabal, el canalla, quien obviamente toma cerveza y come un asado con sus compinches. La calle retumba mientras David se queja: «¡Que Dios me castigue sin piedad si antes del amanecer no acabo con todos sus hombres!» (25:22).

Espere. Es el Viejo Oeste en el Antiguo Este.

Entonces, de pronto, la belleza aparece. Una margarita alza su cabeza en el desierto, un cisne se posa en la planta envasadora de carne, un olorcito a perfume flota a través del vestidor de hombres. Abigaíl, la esposa de Nabal, se yergue en el camino. Donde él es egoísta y bruto, ella es «bella e inteligente» (25:3).

> Las ramas de olivo hacen más bien que las hachas para la lucha.

Inteligencia y belleza. Abigaíl pone ambas cosas a trabajar. Cuando sabe de la cruda reacción de Nabal, se lanza a la acción. Sin decirle ninguna palabra a su esposo, reúne presentes y corre para interceptar a David. A medida que David y sus hombres descienden el barranco, toma su posición armada con «doscientos panes, dos odres de vino, cinco ovejas asadas, treinta y cinco litros de trigo tostado, cien tortas de uvas pasas y doscientas tortas de higos. Después de cargarlo todo sobre unos asnos» (25:18).

Cuatrocientos hombres arrean sus caballos. Algunos miran boquiabiertos la comida, otros quedan embobados con la mujer. Ella es guapa y buena cocinera, una combinación perfecta para cualquier ejército (la imagen es de una rubia que se muestra en un campamento de entrenamiento de reclutas con un camión lleno de hamburguesas y helados).

Abigaíl no es tonta. Sabe la importancia del momento. Se encuentra como en un punto entre su familia y la muerte segura. Cayendo a los pies de David, emite una súplica digna de un párrafo de las Escrituras: «Señor mío, yo tengo la culpa. Deje que esta sierva suya le hable; le ruego que me escuche» (25:24).

La mujer no defiende a Nabal, está de acuerdo con que es un sinvergüenza. Ruega no por justicia, sino por perdón, acepta las culpas cuando no las merece. «Yo le ruego que perdone la falta de esta servidora suya» (25.28). Ofrece los regalos de su casa y exhorta a David a dejar a Nabal en las manos de Dios y evitar el remordimiento del peso de la muerte.

Sus palabras caen sobre David como el sol del verano sobre el hielo. Él se derrite.

«¡Bendito sea el Señor, Dios de Israel, que te ha enviado hoy a mi encuentro!... si no te hubieras dado prisa en venir a mi encuentro, para mañana no le habría quedado vivo a Nabal ni uno solo de sus hombres... Como puedes ver, te he hecho caso: te concedo lo que me has pedido». (25:32-35)

David retorna al campamento. Abigaíl retorna a Nabal. Lo encuentra demasiado borracho como para conversar, entonces espera hasta el día siguiente para describir lo cerca que estuvo David del campamento y Nabal de morir. «Nabal sufrió un ataque al corazón y quedó paralizado. Unos diez días después, el Señor hirió a Nabal, y así murió» (25:37-38).

Cuando David supo de la muerte de Nabal y de la repentina disponibilidad de Abigaíl, le agradeció a Dios por lo primero y se aprovechó de lo segundo. Imposible sacarse de la cabeza a la bella mujer en medio del camino.

Él propuso y ella aceptó. David obtuvo una nueva mujer; Abigaíl, un nuevo hogar. Y tenemos aquí un gran principio: la belleza puede vencer a la barbarie.

La sumisión salva el día. La dulzura de Abigaíl revierte un río de odio. La humildad tiene tal poder. Las disculpas pueden desarmar peleas. La contrición puede desactivar la rabia. Las ramas de olivo hacen más bien que las hachas para la lucha. «¡La lengua amable quebranta hasta los huesos!» (Proverbios 25:15).

Abigaíl enseña mucho. El contagioso poder de la bondad. La fuerza de un corazón noble. Su más grande lección, sin embargo, es sacar nuestros ojos de la belleza y ponerlos en alguien más. Ella eleva nuestros pensamientos de un espacio rural a la cruz de Jerusalén. Abigaíl nunca conoció a Jesús. Vivió mil años antes de su sacrificio. No obstante, su historia prefigura su vida.

> «¡La lengua amable quebranta hasta los huesos!».
> (Proverbios 25.15)

Abigaíl se ubicó entre David y Nabal. Jesús se ubicó entre Dios y nosotros. Abigaíl, voluntariamente, se arriesgó a que la castigaran por los pecados de Nabal. Jesús le permitió al cielo que lo castigara por los pecados de ustedes y los míos. Abigaíl no admitió el odio de David. ¿No lo protegió Cristo a usted de Dios?

Él fue nuestro «mediador entre Dios y los hombres, Jesucristo hombre, quien dio su vida como rescate por todos» (1 Timoteo 2:5-6).

¿Quién es mediador sino el que se para en medio? ¿Y qué hizo Cristo, sino pararse entre la ira de Dios y nuestro castigo? Cristo interceptó la cólera del cielo.

Algo vagamente similar ocurrió en el campamento de Chungkai. Una tarde después del trabajo, un guardia japonés anunció que una pala se había extraviado. El oficial mantuvo a los aliados en formación, insistiendo en que alguien la había robado. Emitiendo alaridos en un inglés imperfecto, exigió que el culpable diese un paso al frente y cargó al hombro su fusil, listo para matar a un prisionero antes de que hiciera su confesión.

Entonces un soldado escocés rompió filas, se paró rígidamente y dijo: «Yo lo hice». El oficial liberó su ira, golpeó al hombre hasta matarlo y ordenó a los prisioneros levantar su cuerpo. Solo entonces el guardia recontó las palas y solo entonces el soldado japonés confesó que había contado mal. Había cometido un error. Después de todo, ninguna pala se había perdido.[3]

¿Quién hace eso? ¿Qué clase de persona se declararía culpable de algo que no cometió?

Cuando usted encuentre el adjetivo, adjúnteselo a Jesús. «Todos andábamos perdidos, como ovejas; cada uno seguía su propio camino, pero el Señor hizo recaer sobre él la iniquidad de todos nosotros» (Isaías 53:6). Dios trató a su inocente Hijo como a la culpable raza humana, su Santo Único como a un canalla mentiroso; su Abigaíl como a Nabal.

Cristo vivió la vida que nosotros no pudimos vivir, llevó el castigo que nosotros no pudimos llevar,

> Cristo vivió la vida que nosotros no pudimos vivir, llevó el castigo que nosotros no pudimos llevar, ofrece la esperanza que nosotros no podemos resistir.

ofrece la esperanza que nosotros no podemos resistir. Su sacrificio nos implora hacer esta pregunta: Si nos amó, ¿podemos nosotros no amarnos? Habiendo sido perdonados, ¿podemos no perdonar? Habiendo festejado en la mesa de gracia, ¿podemos no compartir una migaja? «Nadie ha visto jamás a Dios, pero si nos amamos los unos a los otros, Dios permanece entre nosotros, y entre nosotros su amor se ha manifestado plenamente» (1 Juan 4:12).

¿Encuentra al mundo de su Nabal muy difícil de aguantar? Entonces haga lo que hizo David: deje de mirar fijamente a Nabal. Cambie su mirada dirigiéndola hacia Cristo. Mire más al Mediador y menos al alborotador. «No te dejes vencer por el mal; al contrario, vence el mal con el bien» (Romanos 12:21). Un prisionero puede cambiar el campamento. Una Abigaíl puede salvar a una familia. Sea la belleza en medio de sus bestias y vea qué ocurre.

8

ARMAS INÚTILES

GOLIAT TIENE UN arma diseñada al gusto del cliente, que alcanza cientos de metros, mágnum calibre .338 con un cargador aflautado y un alcance tipo misil busca corazones. No dispara balas, sino tristeza. No cobra vidas, sino sonrisas. No ocasiona lastimaduras en el cuerpo, sino aporreos en la fe.

¿Alguna vez lo golpearon?

Si no puede encontrar su ritmo, entonces sí. Si no parece alcanzar la primera fase hacia el logro de sus objetivos, entonces sí. Cada paso hacia adelante que da, se encuentra perdido en dos pasos hacia atrás.

Relaciones estropeadas.

Cielos oscurecidos y muy nublados.

Sus noches desafían al amanecer.

Usted se ha derrumbado.

Los problemas son los sioux. Usted es Custer. Usted se siente como si estuviera en una posición que el enemigo pronto destruirá.

Eso es lo que siente David. Saúl lo abrumó haciendo que duerma en cuevas. Que merodee bajo los árboles. Seiscientos soldados dependen de David; de su liderazgo y de provisiones. Estos seiscientos hombres tienen mujeres y niños. David tiene dos esposas, pero en su tienda todo es tensión.

Escapa de un rey loco. Se esconde en las colinas. Dirige un grupo heterogéneo de soldados. Más de mil bocas que alimentar.

El arma inútil encuentra su marca. Escuche a David: «Un día de estos voy a morir a manos de Saúl. Lo mejor que puedo hacer es huir a la tierra de los filisteos. Así Saúl se cansará de buscarme por el territorio de Israel, y podré escapar de sus manos» (1 Samuel 27:1).

Sin esperanzas y, para la mayoría, sin Dios. David pone toda su concentración en Saúl. Cuelga un póster de Saúl en su pared y repite sus mensajes. Está inmerso en su temor, hasta que este lo controla. «Me destruirá».

> Esconderse con el enemigo trae un alivio temporal.

Lo sabe muy bien. En los días más luminosos y en los momentos en que se siente más saludable, David modela una terapia teniendo como guía el cielo para los días más difíciles. La primera vez que se enfrentó a los filisteos en el desierto, «David consultó al Señor» (23:2). Cuando se sintió pequeño contra el enemigo, «David consultó al Señor» (23:4). Cuando lo atacaron los amalecitas, «David consultó al Señor» (30:8). Perplejo sobre qué hacer después de la muerte de Saúl, «David consultó al Señor» (2 Samuel 2:1). Cuando fue coronado como rey y perseguido por los filisteos, «David consultó al Señor». David los derrotó, y todavía organizaron otro ataque, entonces «David consultó al Señor» (5:23). David guardó un número de acceso rápido para comunicarse con Dios.

¿Confundido? David habló con Dios. ¿Impedido? David habló con Dios. Hablaba con Dios la mayor parte del tiempo. Pero no esta vez. En esta ocasión, David habla consigo mismo. No busca siquiera el consejo de sus asesores. Cuando Saúl arremetió por primera vez contra David, este recurrió a Samuel. A medida que los ataques continuaron, David pidió consejo a Jonatán. Cuando se encontró sin armas y sin alimento, se refugió entre los sacerdotes de Nob. En este caso, sin embargo, David consulta a David.

Mala elección. Mire el consejo que se da a sí mismo: «Un día de estos voy a morir a manos de Saúl» (27:1).

No, no será así, David. ¿No recuerdas el aceite dorado de Samuel sobre tu rostro? Dios te ha designado. ¿No recuerdas la promesa de Dios a través de Jonatán? «Tú vas a ser el rey de Israel» (23:17). ¿Has olvidado la garantía que Dios te dio a través de Abigaíl? «Así que, cuando el Señor le haya hecho todo el bien que le ha prometido, y lo haya establecido como jefe de Israel» (25:30). Dios le ha asegurado seguridad a través de Saúl: «Ahora caigo en cuenta de que tú serás el rey» (24:20).

Pero en la ola del desánimo, David apretó el botón de pausa sobre los buenos pensamientos, y piensa:

«Un día de estos voy a morir a manos de Saúl. Lo mejor que puedo hacer es huir a la tierra de los filisteos. Así Saúl se cansará de buscarme por el territorio de Israel, y podré escapar de sus manos». (27:1)

Entonces David huye y Saúl suspende la cacería. David deserta en las manos del enemigo. Conduce a sus hombres a las tierras de ídolos y falsos dioses, y arma su tienda de campaña en el patio trasero de Goliat. Cae ruidosamente en los pastizales del mismísimo Satán.

En principio, David siente alivio. Saúl abandona la persecución. Los hombres de David pueden dormir con ambos ojos cerrados. Los niños pueden concurrir al jardín de infantes y las esposas deshacer las maletas. Pero esconderse con el enemigo trae un alivio temporal.

¿No es siempre así?

Ya no se resista al alcohol y usted reirá... por un momento.

Márchese de su casa, de su esposa y se calmará... por un tiempo.

Distráigase con la pornografía y tal vez se entretendrá... por una temporada.

Pero entonces sentirá que hay garras que lo hunden. Olas de culpa que se estrellan. La ruptura de la soledad que se aproxima. «Hay caminos que al hombre le parecen rectos, pero que acaban por ser caminos de muerte. También de reírse duele el corazón, y hay alegrías que acaban en tristeza» (Proverbios 14:12-13).

Ese «amén» que recién ha escuchado vino de David desde lo alto. Él puede decírselo. Escuche la tercera estrofa de su canción de la depresión. En el verso uno, él se agota. Entonces se escapa. Y para sobrevivir en el campo del enemigo, se vende.

Cierra trato con Aquis, el rey de la filistea Gat: «Le ruego me conceda algún pueblo en el campo, y allí viviré. No tiene ningún sentido que *este siervo* suyo viva en la capital del reino» (1 Samuel 27:5; énfasis del autor).

Note cómo se menciona David, «este siervo», a su enemigo el rey. El orgullo de Israel, el vencedor de Goliat, levanta una copa y brinda con el adversario de su familia.

Aquis le da la bienvenida al pacto. Le concede a David una villa, Siclag, y solo le pide que se vuelva en contra de su propia gente y la mate. Tanto como Aquis sabe, David cumple con él. Pero, en realidad, ataca sorpresivamente a los enemigos de los hebreos:

«Acostumbraba salir en campaña con sus hombres para saquear a los guesureos, guirzitas y amalecitas... Cada vez que David atacaba la región, no dejaba a nadie con vida, ni hombre ni mujer. Antes de regresar adonde estaba Aquis se apoderaba de ovejas, vacas, asnos y camellos, y hasta de la ropa que vestían». (27:8-9)

No son las mejores horas de David. Le miente al rey filisteo y cubre su engaño con derramamiento de sangre. Así continúa con su hipocresía por dieciséis meses. Desde ese momento no existen salmos. Su arpa permanece en silencio. El decaimiento enmudece al juglar.

Las cosas se ponen peor.

Los filisteos deciden atacar al rey Saúl. David y sus hombres optan por cambiar de bando y unirse a la oposición. Imagínese a los de la marina de los Estados Unidos uniéndose a los nazis. Viajan tres días al campo de batalla, sin embargo, los rechazan y vuelven nuevamente a su lugar. «Pero los generales filisteos, enojados con Aquis, le ordenaron ... no dejes que nos acompañe en la batalla, no sea que en medio del combate se vuelva contra nosotros» (29:4).

La forma en que manejamos nuestros tiempos difíciles, permanece con nosotros durante un largo período.

David lidera a sus no aceptados hombres de vuelta a Siclag, solo para ver la villa completamente quemada. Los amalecitas la han destruido y han secuestrado a todas las mujeres, hijos y hermanas. Cuando David y sus hombres ven esta devastación «se pusieron a llorar y a gritar hasta quedarse sin fuerzas» (30:4).

Rechazados por los filisteos, saqueados por los amalecitas, sin tierras por las que pelear, sin familia a la que retornar... ¿Pueden las cosas ir peor? Pueden. El veneno destella de los ojos de los soldados. Los hombres de David comienzan a buscar rocas. «David se alarmó, pues la tropa hablaba de apedrearlo» (30:6).

Debemos preguntarnos, ¿está David arrepintiéndose de su decisión? ¿Añorando los días en el desierto? ¿Los buenos días en la cueva? Allí, sin filisteos que los rechacen ni amalecitas que los ataquen, sus hombres lo apreciaban y sus esposas estaban con él.

La manera en que manejamos nuestros momentos difíciles permanece con nosotros durante un largo período.

Ahora, en las ruinas de Siclag, con las piedras seleccionadas por sus hombres listas para arrojárselas, ¿se arrepiente de su inconsulta elección de escapar y venderse?

Depresiones: la placa de Petri por malas decisiones, el incubador por los giros incorrectos, la cadena de montaje de los arrepentidos movimientos. La manera en que manejamos nuestros momentos difíciles permanece con nosotros durante un largo período.

Y usted, ¿cómo se encarga de los suyos? Cuando la esperanza toma el último tren y la alegría es nada más que el nombre de una chica en la calle... Cuando está cansado de tratar, cansado de perdonar, cansado de las semanas difíciles o de la gente cabeza dura, ¿cómo maneja sus días oscuros?

¿Con un frasco de píldoras o una botella de whisky? ¿Con una hora en el bar, un día en el salón de belleza o una semana en la costa? Muchos optan por este tipo de tratamiento. Tantos, que asumimos que le dan energía a la vida triste. Pero ¿lo consigue? Nadie niega que sea una ayuda por un tiempo, pero, ¿a largo plazo? Insensibilizan el dolor, pero ¿lo quitan?

¿O somos como el cordero en el acantilado turco? Quién sabe por qué el primero saltó sobre la orilla. Aun más bizarros son los otros mil quinientos que lo siguieron, cada uno saltando la misma extensión. Los primeros cuatrocientos cincuenta animales murieron. Los centenares que los siguieron sobrevivieron solo porque la pila de cuerpos amortiguó sus caídas.[1]

Nosotros, como ovejas, seguimos a los otros por el borde, cayendo precipitadamente en bares, borracheras y camas. Como David, chocamos con Gat, solo para encontrar que Gat no tiene solución.

¿Hay una solución? Sí. Efectivamente la hay. Haciendo de modo correcto lo que David hizo incorrecto.

Él se equivocó respecto de la oración. Usted haga lo opuesto: *esté listo para orar.* Deje de hablarse. Háblele a Cristo, que lo invita. «Vengan a mí todos ustedes que están cansados y agobiados, y yo les daré descanso» (Mateo 11:28).

Dios nunca está abatido, nunca se aburre de sus malos días.

David abandona los buenos consejos. Aprende de sus errores. La próxima vez que carezca de voluntad para continuar, *busque consejos saludables.*

Usted no va a querer hacerlo. La gente deprimida ama a la gente deprimida. La gente dolorida pasa tiempo con gente dolorida. Amamos a aquellos que nos compadecen y evitamos a quienes nos corrigen. Ambas cosas, corrección y dirección, son lo que necesitamos.

Descubrí la importancia de un consejo saludable en la mitad de un triatlón Ironman. Después de nadar dos kilómetros y andar noventa kilómetros en bicicleta, no tenía muchas energías como para hacer veinte kilómetros de carrera. Tampoco el compañero que corría cerca de mí. Le pregunté cómo estaba, y rápidamente me arrepentí de hacerle la pregunta.

«Esto apesta. Esta carrera es la más tonta decisión que alguna vez haya tomado». Se quejó más que un contribuyente en Hacienda Pública. ¿Mi respuesta? «Hasta pronto». Supe que si lo escuchaba mucho más, comenzaría a estar de acuerdo con él.

Me puse al nivel de una abuela de sesenta y seis años. Su estilo era exactamente el opuesto. «Lo terminará —me animó—. Hace calor, pero al menos no llueve. Un paso a la vez... No olvide hidratarse... Quédese por allí». Corrí cerca de ella hasta que mi corazón estuvo por desvanecerse y las piernas me dolían. Finalmente tuve que disminuir la marcha. «No hay problemas», me saludó mientras continuaba.

¿Cuál de los dos consejos descritos sigue? «Cuando falta el consejo, fracasan los planes; cuando abunda el consejo, prosperan» (Proverbios 15:22).

Sea pronto para orar, siga consejos saludables y no se rinda.

No cometa el error de Florence Chadwick, cuando en 1952 intentó atravesar a nado las frías aguas del océano entre la isla de Santa Catalina y la costa de California. Nadó a través de un clima brumoso y picadas aguas por quince horas. Sus músculos comenzaron a acalambrarse y a hacerse más débiles. Rogaba que la sacaran del agua, pero su madre, que iba en un bote a su lado la instó a no rendirse, ella trató pero estaba exhausta y dejó de nadar. El ayudante la agarró y la introdujo en el bote. A los pocos minutos de andar, gracias a un claro en la neblina, se dieron cuenta de que la costa estaba a menos de un kilómetro de distancia. «Todo lo que podía ver era neblina —explicó en conferencia de prensa—. Si hubiese podido ver la costa, lo hubiera logrado».[2]

> Sea pronto para orar, siga consejos saludables y no se rinda.

Mire la costa que espera por usted. Que no lo engañe la neblina de la depresión. El final podría estar a unas cuantas brazadas. Dios quizá, en ese momento, levante su mano haciéndole una señal a Gabriel para que tome su trompeta. Los ángeles quizás estén juntos, los santos reunidos, los demonios temblando. ¡Quédese! Quédese en el agua. Quédese en la carrera. Quédese en la pelea. Conceda gracia una vez más. Sea generoso una vez más. Enseñe una clase más, anime un alma más, dé una brazada más.

> Mire la costa que espera por usted. Que no lo engañe la neblina de la depresión. El final podría estar a unas cuantas brazadas.

David lo hizo. Justo ahí, en las humeantes ruinas de Siclag, encontró fuerzas.

Después de dieciséis meses en Gat, después del rechazo de los filisteos, del ataque de los amalecitas y de la insurrección de sus hombres, recordó qué hacer: «David cobró ánimo y puso su confianza en el Señor su Dios» (1 Samuel 30:6).

Es bueno tenerte a ti de vuelta, David. Te extrañamos mientras estuviste fuera.

9

MOMENTOS EN QUE UNO
SE DESPLOMA

HACE POCO VI a una mujer paseando un perro, sujeto con una correa. Mejor dicho, vi a una mujer *arrastrando* un perro *con* una correa. El día estaba despiadadamente caluroso. El perro se había detenido totalmente. Había caído de panza pesadamente en el pasto húmedo, cambiando el abrasador pavimento por un poco de césped fresco.

La mujer halaba y halaba. Hubiera tenido más éxito empujando un camión remolcador.

El perro ya no tenía energía, entonces se echó y se quedó allí.

No va a ser el último en hacer eso. ¿Alguna vez ha alcanzado el punto en que cae pesadamente, sin fuerzas?

Culpe a su jefe: «Necesitamos que tome *un* caso *más*».

A su esposa: «Estaré fuera de casa, hasta tarde, *una* vez *más* esta semana».

A sus padres: «Tengo *una* tarea *más* para que hagas».

A su amigo: «Necesito que me hagas *un* favor *más*».

¿El problema? Que se ha encargado, ha tolerado, ha hecho, ha perdonado, ha ocupado tanto que ya no aguanta más un «*una vez más*». Usted es un cachorro cansado. Entonces cae pesadamente. ¿A quién le importa lo que piense el vecino? ¿A quién le preocupa lo que el maestro piensa? *Déjelos que halen la correa todo lo que quieran, no estoy tomando ninguna medida más.*

Pero es distinto al perro, no cae en el pasto. Si fuera como los hombres de David, usted se sumergiría en el arroyo de Besor.

No se sienta mal si nunca ha escuchado hablar de ese lugar. La mayoría de la gente no lo ha hecho, pero muchos lo necesitan. El relato del arroyo de Besor merece un espacio en las bibliotecas de las personas agotadas. Les habla con dulces palabras a los cansados corazones.

La historia surge de las ruinas de Siclag. David y seiscientos soldados retornan del frente de batalla de los filisteos para encontrar una total y absoluta devastación. Una banda de asaltantes amalecitas había arrasado la villa, saqueado y llevado consigo a las mujeres y a los niños como rehenes. La pena de los hombres se convirtió en ira, no contra los amalecitas, sino contra David. Después de todo, ¿no los había conducido a la batalla? ¿No había dejado a las mujeres y a los niños desprotegidos? ¿No es él el culpable? Entonces merece morir. Y comenzaron a juntar piedras.

¿Qué más es nuevo? David estaba comenzando a acostumbrarse a ese tipo de tratamiento. Su familia lo había ignorado, Saúl protestaba furiosamente contra él y ahora el ejército, el cual, si usted se acuerda, trataba de encontrarlo, no viceversa, se ha vuelto contra él. David, era un psicópata en ciernes, rechazado por cada persona que le rodeaba. Esta pudo haber sido la peor de sus horas.

Pero sacó lo mejor de todo eso.

Mientras seiscientos hombres avivan su ira, David busca a Dios. «Pero cobró ánimo y puso su confianza en el Señor su Dios» (1 Samuel 30:6).

Qué esencial es que aprendamos a hacer lo mismo. Los sistemas de ayuda no siempre ayudan. Los amigos no son siempre amigables. Los pastores pueden desviarse y las iglesias perder el contacto con la realidad. Cuando nadie puede ayudar, tenemos que hacer lo que hizo David. Volver a Dios.

«¿Debo perseguir a esa banda? ¿Los voy a alcanzar? Persíguelos le respondió el Señor. Vas a alcanzarlos, y rescatarás a los cautivos» (30:8).

(Solía creer que solo los santos podían hablar con Dios de esa forma. Estoy empezando a creer que Dios hablará con cualquiera de esa manera y que los santos son los que se ocuparán de su propuesta).

Con poco tiempo comisionado, David redirecciona la ira de los hombres hacia el enemigo y se encamina a la persecución de los amalecitas. Mantiene el desánimo de los hombres presente. Todavía llevan las huellas del polvo de la larga campaña en la que habían estado y no habían extinguido totalmente su ira con David. No conocían la guarida de los amalecitas y, si no hubiese sido por el propósito de los que amaban, hubieran abandonado.

En efecto, doscientos lo hicieron. El ejército alcanza el arroyo de Besor y desmontan ahí. Los soldados se meten en el riacho y refrescan sus caras, se hunden en el fango fresco y se estiran en el pasto. Y aunque habían escuchado la orden de continuar, doscientos de ellos optan por descansar. «Continúen sin nosotros», les dijeron.

¿Cuán cansada puede estar una persona para abandonar el rescate de su propia familia?

La iglesia tiene su quórum de ese tipo de gente. Buena gente. Gente piadosa. Solo horas o años atrás, marchaban con profunda resolución. Pero ahora la fatiga los consume. Están exhaustos, golpeados, abatidos, tanto que no pueden juntar las fuerzas necesarias para salvar su propia carne y su propia sangre. La vejez les ha extraído el oxígeno. O quizá fue el desaliento de las derrotas. El divorcio puede dejarlo a usted en el arroyo. La adicción puede hacer lo mismo. Cualquiera sea la razón, la iglesia tiene gente que solo se sienta y espera.

Y la iglesia debe decidir. ¿Qué hacemos con la gente del arroyo de Besor? ¿Los reprendemos? ¿Los avergonzamos? ¿Los dejamos descansar? ¿O hacemos lo que hizo David? David les permitió quedarse.

Él y los cuatrocientos hombres restantes reanudan la cacería. Y con cada duna que pasan se hunden cada vez más en el desánimo. Los amalecitas tienen una gran experiencia y no dejan huellas. Pero entonces David tiene un golpe de suerte. «Los hombres de David se encontraron en el campo con un egipcio, y se lo llevaron a David. Le dieron de comer y de beber» (1 Samuel 30:11).

El egipcio es un siervo minusválido que pesa más de lo que vale, los amalecitas lo habían dejado para

> La iglesia debe decidir. ¿Qué hacemos con la gente del arroyo de Besor?

que se muriera de hambre en el desierto. Los hombres de David lo atienden, volviéndolo a la vida con higos y pasas, y le piden al siervo que los conduzca al campamento de sus antiguos amigos. Él está feliz de complacerlos.

David y sus hombres bajan en picada hasta el enemigo como los halcones sobre las ratas. Rescatan a cada mujer y a cada niño israelita. Cada amalecita muerde el polvo o depone en camino, dejando atrás preciosos botines. David pasa de ser chivo expiatorio a héroe y los gritos de alegría comienzan a manifestarse de manera espontánea.

El remate, sin embargo, tiene que leerse. Para sentirlo plenamente hay que imaginarse los pensamientos de algunos de los actores de esta historia.

Las esposas rescatadas. A usted recién la han arrebatado de su casa y arrastrado a través del desierto. Temió por su vida y tomó con fuerza a sus hijos. Entonces, un gran día, los chicos buenos asaltan el campamento. Brazos vigorosos la levantan y la instalan entre la giba de un camello. Usted agradece a Dios por el equipo estratégico que la rescató y comienza a buscar, entre los soldados, el rostro de su marido.

—¡Querido! —grita—, ¡querido! ¿Dónde estás?

Su rescatista detiene el camello en una parada:

—Bueno... —comienza—, su «querido» se quedó en el campamento.

—¿Que hizo qué?

—Está con los otros en el arroyo de Besor.

No sé si las mujeres hebreas tenían algún tipo de rodillos de madera para amasar harina, pero si los tenían, podrían comenzar a golpear a sus maridos en ese momento.

—¡Besor, eh! ¡Te diré quién va a estar adolorido!

El pelotón de rescate. Cuando David convocó, usted arriesgó su vida. Ahora, con la victoria entre manos, vuelve galopando al arroyo de Besor. Divisa la cadena de colinas que está sobre el campamento y ve a los doscientos hombres allí abajo.

«Son unas sanguijuelas».

Mientras usted peleaba, ellos dormían. Usted iba a una batalla, ellos a una matiné y a masajes terapéuticos. Ellos jugaban dieciocho hoyos y se quedaron despiertos hasta tarde jugando póquer.

Usted debe sentirse como algunos de los hombres de David. «Estos no vinieron con nosotros, así que no vamos a darles nada del botín que recobramos. Que tome cada uno a su esposa y a sus hijos, y que se vaya» (30:22).

Las esposas a las que rescató: enojadas.

Los rescatadores: resentidos.

¿Y qué hay de los doscientos hombres que se habían quedado descansando? Los gusanos tienen una alta autoestima. Se sienten tan varoniles como delicados.

Le mezclan, encienden y entregan a David un cóctel Molotov de emociones. Y aquí se muestra cómo él lo desactiva.

«No hagan eso mis hermanos, les respondió David. Fue el Señor quien nos lo dio todo, y quien nos protegió y puso en nuestras manos a esa banda de maleantes que nos había atacado. ¿Quién va a estar de acuerdo con ustedes? Del botín participan tanto los que se quedan cuidando el bagaje como los que van a la batalla». (30:23-24)

Note las palabras de David: «los que se quedan cuidando el bagaje», como si ese hubiera sido su trabajo. Ellos no habían pedido cuidar el bagaje, sino que habían querido descansar. Pero David dignifica su decisión de quedarse.

David realizó muchas hazañas importantes en su vida y también muchas sin sentido. Pero quizá la más noble fue la más raramente discutida: honró a los exhaustos soldados del arroyo de Besor.

> Está bien descansar. Jesús pelea cuando usted no puede.

Algún día, alguien leerá lo que hizo David y le pondrá el nombre a su iglesia: Congregación del Arroyo de Besor. ¿Acaso no es eso lo que una iglesia pretende ser? ¿Un lugar para que los soldados recuperen sus fuerzas?

En su gran libro sobre David, *Leap Over a Wall* [Saltar una muralla], Eugene Peterson habla sobre un amigo que firma: «Tuyo en el arroyo de Besor».[1] Me pregunto cuántos podrían hacer lo mismo. Demasiado cansados para pelear. Demasiado avergonzados como para quejarse. Mientras otros proclamaban victorias, el cansado, se sienta en silencio. ¿Cuántos se sientan en el arroyo de Besor?

Si está en esa lista, esto es lo que necesita saber: Está bien descansar. Jesús es su David. Él pelea cuando usted no puede. Él va adonde usted no puede. No se enoja si usted se sienta. ¿Él no invitó «vengan conmigo ustedes solos a un lugar tranquilo y descansen un poco» (Marcos 6:31)?

El arroyo de Besor bendice el descanso.

El arroyo de Besor también advierte contra la arrogancia. David supo que la victoria fue un regalo. Recordemos lo

¿Está usted agotado?

Respire.

Necesitamos de

sus fuerzas.

¿Está fuerte?

No juzgue

al cansado.

mismo. La salvación llega como el egipcio en el desierto, una encantadora sorpresa en el sendero. No ganada. No merecida. ¿Quiénes son los fuertes para criticar al cansado?

¿Está usted agotado? Respire. Necesitamos de sus fuerzas.

¿Está fuerte? No juzgue al cansado. Existen probabilidades de que necesite, en algún momento, caer pesadamente, sin fuerzas. Y cuando lo haga, es bueno tener presente la historia del arroyo de Besor.

10

DOLOR INDESCRIPTIBLE

Es PROBABLE que usted oiga lo que le avisa un policía: «Lo siento. No sobrevivió al accidente».

Podría recibir una llamada de un amigo, que le dice: «El cirujano nos dio malas noticias».

Son demasiadas las esposas que han escuchado esta frase por parte de soldados con rostros sombríos: «Lamentamos informarles que...»

En esa clase de circunstancias, la primavera se vuelve invierno, los azules cambian a grises, los pájaros dejan de trinar y el frío de la pena se instala en nosotros. Hace frío en el valle de sombra de la muerte.

El mensajero de David no es un policía, un amigo ni un soldado. Es un jadeante amalecita, con ropas desgarradas y el cabello lleno de mugre, que tropieza con el campamento Siclag con las noticias: «Nuestro ejército ha huido de la batalla, y muchos han caído muertos ... Entre los caídos en combate se cuentan Saúl y su hijo Jonatán» (2 Samuel 1:4).

David supo que los hebreos peleaban contra los filisteos. Supo que Saúl y Jonatán peleaban por sus vidas. A David le han informado el resultado. Cuando el mensajero le presenta la corona y el brazalete de Saúl, David tiene las pruebas irrefutables: Saúl y Jonatán están muertos.

Jonatán, más cercano que un hermano, salvó la vida de David y juró proteger a sus hijos.

Saúl, elegido por Dios, ungido por Dios. Sí, él ha sido un perro de caza para David, lo atormentó pero, aun así, fue quien Dios designó.

El rey ungido por Dios, muerto.

El mejor amigo de David, muerto.

David tiene que enfrentarse aún a otro gigante, el gigante del dolor.

Nosotros hemos sentido su pesada mano en nuestros hombros. No en Siclag, sino en salas de emergencia, en hospitales para niños, en restos de vehículos y en campos de batalla. Y como David, tenemos dos opciones: huir o enfrentar al gigante.

> Nosotros, como David, tenemos dos opciones: huir o enfrentar al gigante.

Muchos optan por huir del dolor. El capitán Woodrow Call exhortó al joven Newt a hacer eso. En la película *Lonesome Dove* [La paloma solitaria], Call y Newt son parte de la conducción de ganado de Texas a Montana, en 1880. Cuando un enjambre de serpientes venenosas terminó con la vida del mejor amigo de Newt, Call ofreció un consejo, sumergido en el dolor por la pérdida del ser querido. En el entierro, bajo la sombra que los olmos le proporcionaban y rodeado de vaqueros, aconsejó: «Vete de aquí, hijo. Es la única manera de poder con la muerte. Vete de aquí».

¿Qué más puede hacer? La tumba provoca un dolor indescriptible que no tiene respuestas, estamos tentados a dar una vuelta e irnos. Cambiar de tema y eludir el problema, trabajar muy duro, tomar en cantidades, mantenernos muy ocupados, permanecer distantes, conducirnos al norte de Montana y no mirar hacia atrás.

Pagamos un precio muy alto cuando hacemos eso. La palabra en inglés que significa el dolor de la muerte viene de la raíz *reave*. Si la busca en el diccionario, va a leer: «Sacar por la fuerza, saquear, robar». La muerte a usted lo roba. La tumba saquea momentos y recuerdos: cumpleaños, vacaciones, lentas caminatas, charlas durante el té. Se encuentra desolado porque lo robaron.

Ha perdido la normalidad y no la encontrará nunca más. Después de la muerte de su esposa, producto de un cáncer, C. S. Lewis escribió: «Su ausencia es como el cielo expandido por sobre todas las cosas».[1]

Justo cuando piensa que la bestia del dolor se ha ido, escucha una canción que a ella le gustaba, o huele la colonia que usaba o pasa por un restaurante al que solían ir a comer. El gigante se manifiesta.

> La muerte amputa una parte de su vida.

Y el gigante del dolor se mantiene, conmoviéndonos:
Ansiedad. ¿Soy el próximo?

¿Culpable por lo que dijo o no dijo?

Melancolía. Ve a las parejas intactas y añora a su compañera. Ve a los padres con sus niños y añora a su hijo.

El gigante despierta el insomnio, pérdida de apetito, olvido, pensamientos suicidas. El dolor no es una enfermedad mental, pero algunas veces se siente como si así fuera.

El capitán Call no entendió eso. Sus amigos puede que tampoco lo hagan.

Tal vez, usted podría no entenderlo. Pero, por favor, inténtelo. Comprenda la gravedad de su pérdida. No se trata de que usted perdió en el juego Monopolio o que no encuentra sus llaves. De esto, no puede salir. Entonces, en algún punto, en minutos o en meses, usted necesita hacer lo que hizo David. Enfrente su dolor.

Cuando se enteró de las muertes de Saúl y Jonatán: «David lo lamentó» (2 Samuel 1:17). El guerrero lloró. El comandante enterró el barbado rostro en sus insensibles manos y lloró. «Al oírlo, David y los que estaban con él se rasgaron las vestiduras. Lloraron y ayunaron hasta el anochecer porque Saúl y su hijo Jonatán habían caído a filo de espada, y también por el ejército del Señor y por la nación de Israel» (vv. 11-12).

Los llantos de los guerreros cubrieron las colinas. Un tropel de hombres caminaba gimiendo, llorando y con el luto a cuestas. Desgarraron sus ropas golpeando el suelo y exhalando dolor.

Usted necesita hacer lo mismo. Que el dolor fluya fuera de su corazón y, cuando retorne, hágalo salir nuevamente. Vaya hacia delante y llore, si es necesario, un río Misisipi.

Jesús lo hizo. Próximo a la tumba de su querido amigo, «Jesús lloró» (Juan 11:35). ¿Por qué hizo eso? ¿Acaso no sabía de la inminente resurrección de Lázaro? Hace una declaración y en el momento su amigo sale de la tumba. Él verá a Lázaro antes de la cena. ¿Por qué las lágrimas?

Entre las respuestas que sabemos y entre las que no, está esta: la muerte hiede.

La muerte amputa una parte de su vida. Por eso Jesús lloró. Y en sus lágrimas encontramos permiso para verter las nuestras. F. B. Meyer escribió:

> Jesús lloró. Pedro lloró. Los efesios convierten el llanto sobre el cuello de los apóstoles cuyos rostros ellos no iban a ver jamás. Cristo se para al lado de cada persona dolida, diciendo: «Llora mi hijo, llora por lo que he llorado».
>
> Las lágrimas liberan el cerebro en llamas como la lluvia en las eléctricas nubes. Las lágrimas descargan la insoportable agonía del corazón como el desagüe libera la presión de la inundación contra la represa. Las lágrimas son el material con el cual el paraíso entreteje su más brillante arcoíris.[2]

No sabemos cuánto tiempo lloró Jesús ni cuánto lloró David. Pero sí cuánto lloramos nosotros, y ese tiempo parece tan truncado. Los egipcios se visten de negro durante seis meses. Algunos musulmanes usan ropa de luto durante un año. Los judíos ortodoxos ofrecen oraciones por el pariente muerto cada día, durante once meses. Solo cincuenta años atrás, los estadounidenses rurales usaban brazaletes de tela negra por un período de varias semanas.[3] ¿Y hoy? ¿Soy el único que siente que apuramos nuestras heridas?

El dolor toma su tiempo. Concédase algo de tiempo: «El sabio tiene presente la muerte; el necio solo piensa en la diversión» (Eclesiastés 7:4). *Lamentar* quizás es un verbo extranjero en nuestro mundo, pero no en las Escrituras.

> Las lágrimas son el material con el cual el paraíso entreteje su más brillante arcoíris.
>
> —F. B. Meyer

El setenta por ciento de los salmos son poemas de pena. ¿Por qué el Antiguo Testamento incluye un libro de lamentos? El hijo de David escribió: «Vale más llorar que reír; pues entristece el rostro, pero le hace bien al corazón» (Eclesiastés 7:3).

Exploramos los más profundos temas en la cueva de la pena. ¿Por qué estamos aquí? ¿Hacia dónde estoy orientado? El cementerio agita con fuerza preguntas vitales. David le otorga todas sus fuerzas a su angustia: «Cansado estoy de sollozar; toda la noche inundo de lágrimas mi cama, ¡mi lecho empapo con mi llanto!» (Salmos 6:6).

Y luego: «La vida se me va en angustias, y los años en lamentos; la tristeza está acabando con mis fuerzas, y mis huesos se van debilitando» (Salmos 31:10).

> Exploramos los más profundos temas en la cueva de la pena. ¿Por qué estamos aquí? ¿Hacia dónde estoy orientado?

¿Está usted enojado con Dios? Cuéntele por qué. ¿Disgustado con Dios? Hágaselo saber. ¿Cansado de decirle a la gente que está bien, cuando en realidad no es así? Dígales la verdad. Mis amigos Thomas y Andrea Davidson lo hicieron. Una bala perdida les arrebató a su hijo Tyler, de catorce años.

Tom escribe:

«Nos bombardeaban con la pregunta: "¿Cómo están?"... Lo que realmente quería era decirles: "¿Cómo creen que estamos? Nuestro hijo está muerto, nuestra vida es miserable y deseo que el mundo termine ya"».[4]

David podría haber usado un lenguaje diferente, quizás no. Pero una cosa es segura: no rechazó ignorar la pena.

«¡Ay, Israel! Tu gloria yace herida en las alturas de los montes.
        ¡Cómo han caído los valientes!... ¡Cuánto sufro por ti, Jonatán, pues te quería como a un hermano! Más preciosa fue para mí tu amistad que el amor de las mujeres... ¡Cómo han caído los valientes!».
(2 Samuel 1:19, 24, 26-27).

David se lamentó tan creativamente como adoró y, subraye esto, «David compuso este lamento en honor a Saúl y a su hijo Jonatán. Lo llamó el "Cántico del arco" y ordenó que lo enseñaran a los habitantes de Judá» (1:17-18).

David llamó a la nación a guardar luto. Presentó el llanto como una política pública. Rechazó encubrir o hacer sorda la muerte. La enfrentó, la combatió, la desafió. Pero no la negó. Como su hijo Salomón explicó que había «un tiempo para llorar» (Eclesiastés 3:1, 4).

Dese algo. Enfrente su dolor con lágrimas, tiempo y, una vez más, enfréntelo con la verdad. Pablo exhortó a los tesalonicenses a que procesaran su dolor, pero quería que los cristianos «no ignoren lo que va a pasar con los que ya han muerto, para que no se entristezcan como esos otros que no tienen esperanza» (1 Tesalonicenses 4:13).

Dios tiene la última palabra sobre la muerte. Y si usted escucha, le dirá la verdad sobre sus seres amados. Ellos han sido despedidos del hospital llamado Tierra. Usted y yo todavía recorremos el salón, olemos las medicinas y comemos judías verdes y postres en bandeja de plástico. Ellos, mientras tanto, disfrutan de picnics, inhalan un aire de primavera y corren a través de flores que les llegan hasta las rodillas. Usted los extraña locamente, pero ¿puede negar la verdad? No tienen dolor, duda, ni pelea. Realmente están más felices en el cielo.

> Él conoce la pena de la tumba.
> Él enterró a su hijo, pero conoce también la alegría de la resurrección.
> Y, a través de su poder, usted también sabrá eso.

¿Y no los veremos pronto? La vida estalla a la velocidad del mach. «Muy breve es la vida que me has dado; ante ti, mis años no son nada. Un soplo nada más es el mortal» (Salmos 39:5).

Cuando deja a sus hijos en la escuela, ¿llora como si no los volviera a ver nunca más? Cuando deja a su esposa en un negocio, y estaciona el auto, ¿la despide como si no la volviese a ver nunca más? No. Cuando dice: *Te veré pronto*, quiere decir precisamente eso. En el cementerio, cuando mira la suave y fresca tierra removida, y promete: *Te veré pronto*, está diciendo la verdad. El reencuentro es una partícula de un momento eterno.

No hay necesidad «para que no se entristezcan como esos otros que no tienen esperanza» (1 Tesalonicenses 4:13).

Entonces, siga adelante y enfrente su dolor. Concédase tiempo. Permítase las lágrimas. Dios entiende. Él conoce la pena de la tumba. Él enterró a su Hijo, pero conoce también la alegría de la resurrección. Y, a través de su poder, usted también sabrá eso.

11

INTERSECCIONES CIEGAS

Puedo perderme en cualquier lugar. En serio, en cualquiera. Un simple mapa me confunde; el más claro sendero me desconcierta. No puedo seguirle la pista a un elefante en un metro de nieve. Puedo equivocarme leyendo las instrucciones para ir al baño. Incluso, una vez me ocurrió algo que puso en una situación embarazosa a varias mujeres en un restaurante de comida rápida en Fort Worth.

Mi lista de contratiempos puede servir como ideas para una comedia de la Pantera Rosa.

- Un día me perdí en el hotel donde me hospedaba. Le dije a la recepcionista que mi llave no funcionaba, solo para darme cuenta luego de que estaba en el piso equivocado tratando de abrir una puerta equivocada.
- Hace algunos años, en cierta ocasión, estaba convencido de que habían robado mi automóvil del

estacionamiento del aeropuerto. No era así, estaba en una sección equivocada.

- Una vez me embarqué en un vuelo equivocado y me di cuenta cuando ya estaba en la ciudad equivocada.

- Mientras manejaba de Houston a San Antonio, salí de la ruta para cargar gasolina. Cuando volví a entrar a la ruta, manejé cerca de treinta minutos hasta que me di cuenta de que estaba volviendo a Houston.

- Estando en Seattle, una vez salí de mi habitación del hotel con mucho tiempo de anticipación para mi charla, pero cuando vi los carteles que informaban que estaba en la frontera con Canadá, me di cuenta de que llegaría tarde.

- Una vez salí para hacer ejercicios, luego retorné al hotel y me dirigí al salón comedor. Había comido dos porciones del buffet gratis cuando recordé que en mi hotel no había ese servicio para el desayuno. Así que estaba en el lugar equivocado.

Si los gansos tuvieran mi sentido de orientación, pasarían los inviernos en Alaska. Puedo relacionar eso con Cristóbal Colón que, como se sabe, no sabía hacia dónde se dirigía cuando partió, dónde estaba cuando llegó, ni adónde había estado cuando regresó.

¿Puede entender eso? Por supuesto que puede. En alguna oportunidad, a todos nos ha pasado que no hemos entendido lo que sucedía; y si no le ocurrió en una intersección de rutas, al menos sí en un punto decisivo de su vida. El mejor de los navegantes alguna vez se ha preguntado:

- ¿Tomo el trabajo o lo dejo?
- ¿Acepto el matrimonio o no?
- ¿Salgo o me quedo en casa?
- ¿Construyo o compro?

Una de las grandes preguntas de la vida es: ¿Cómo puedo saber lo que Dios quiere que haga? Y David pregunta eso. Él apenas se ha enterado de la muerte de Saúl y Jonatán. De pronto, el trono está vacío y las opciones para David están abiertas. Pero antes de salir, mira hacia arriba: Pasado algún tiempo, David consultó al Señor:

«"¿Debo ir a alguna de las ciudades de Judá?" "Sí, debes ir", le respondió el Señor. "¿Y a qué ciudad quieres que vaya?" "A Hebrón"». (2 Samuel 2:1)

David tiene el hábito de exponer sus opciones delante de Dios. Y lo hace con una herramienta fascinante: el efod. Examine el aspecto de la primera vez que David huyó de Saúl. David buscaba confort entre los sacerdotes de Nob. Saúl acusó a los sacerdotes de esconder al fugitivo y, acorde con su paranoia, los mató a todos. Un sacerdote de nombre Abiatar, sin embargo, pudo escapar. Y escapó con más que su vida, escapó con el efod.

«Cuando Abiatar hijo de Ajimélec huyó a Queilá para refugiarse con David, se llevó consigo el efod... David se enteró de que Saúl tramaba su destrucción. Por tanto, le ordenó a Abiatar que le llevara el efod... Luego David oró: Oh Señor, Dios de Israel, yo, tu siervo, sé muy bien que por mi culpa Saúl se propone venir a Queilá para destruirla. ¿Me entregarán los habitantes de esta ciudad en manos de Saúl? ¿Es verdad que Saúl vendrá, según me han dicho? Yo te ruego, Señor, Dios de Israel, que me lo hagas saber. Sí, vendrá le respondió el Señor. David volvió a preguntarle: ¿Nos entregarán los habitantes de Queilá a mí y a mis hombres en manos de Saúl? Y el Señor le contestó: Sí, los entregarán. Entonces David y sus hombres, que eran como seiscientos, se fueron». (1 Samuel 23:6-13)

David se pone el efod, le habla a Dios y recibe una respuesta. Algo similar ocurre después de la destrucción de Siclag, con el pueblo en ruinas y sus hombres enfurecidos:

Entonces le dijo al sacerdote Abiatar hijo de Ajimélec: «Tráeme el efod». Tan pronto como Abiatar se lo trajo, David consultó al Señor: «¿Debo perseguir a esa banda? ¿Los voy a alcanzar?» «Persíguelos —le respondió el Señor—. «Vas a alcanzarlos, y rescatarás a los cautivos» (30:7-8).

¿Qué está ocurriendo? ¿Qué es el efod? ¿Qué lo hizo tan efectivo? ¿Se vende en las tiendas?

El efod tiene su origen en la época del desierto errante. Moisés le presentó el primero a Aarón, el sacerdote. Era un vistoso chaleco, tejido con lino blanco, trabajado con hilos de colores azul, púrpura, escarlata y dorado. Un pectoral que portaba doce piedras preciosas adornaba el chaleco. El pectoral poseía uno o dos, quizá tres, resplandecientes diamantes o piedras parecidas a diamantes. Estas piedras tenían el nombre de urim y tumim. Nadie sabe el significado exacto de esos nombres, pero la lista la encabezan «luz» y «perfección».

Dios les reveló su deseo a los sacerdotes a través de estas piedras. ¿Cómo? Los escritores de la antigüedad han sugerido varios métodos. Las piedras:

- Se iluminaban cuando Dios decía «sí»;
- Contenían letras que se movían, juntándose para formar una respuesta;
- Eran sagradas y cuando se usaban, revelaban una contestación.[1]

Aun cuando nosotros especulemos sobre la técnica, no necesitamos estimar el valor. ¿Le gustaría tener ese tipo de herramienta? Cuando se enfrentó a esa misteriosa elección, David pudo, con un respetuoso corazón, hacer preguntas, y Dios respondió:

¿Vendrá Saúl detrás de mí? Él lo hará.

¿Me capturarán esos hombres? Claro que lo harán.

¿Puedo perseguir al enemigo? Puedes.

¿Los venceré? Los vencerás.

¿Me adelantaré a ellos? Por supuesto que lo harás.

Oh, ese Dios haría lo mismo por nosotros. Podríamos preguntarle y Él respondería. Podríamos gritarle y contestaría. ¿No le encantaría tener un efod? ¿Quién podría decir que no? Dios no ha cambiado. Todavía promete guiarnos:

«El Señor dice: "Yo te instruiré, yo te mostraré el camino que debes seguir; yo te daré consejos y velaré por ti"». (Salmos 32:8)

«Confía en el Señor de todo corazón, y no en tu propia inteligencia. Reconócelo en todos tus caminos, y él allanará tus sendas». (Proverbios 3:5-6)

«Ya sea que doble a la derecha o a la izquierda, igual sus oídos escucharán una voz a sus espaldas diciendo: "Este es el camino; síguelo"». (Isaías 30:21)

«Mis ovejas oyen mi voz; yo las conozco y ellas me siguen». (Juan 10:27)

El Dios que guio a David, lo guía a usted. Usted necesita, simplemente, consultar a su Creador. ¡Si solo hubiese pedido un consejo antes de tomar esa reciente decisión! Me desperté temprano una mañana, para una reunión. Cuando estaba buscando algo para desayunar, vi una bolsa de galletas en la cocina. Denalyn y nuestra hija Sara habían asistido hacía poco a la escuela de cocina, con el fin de recolectar fondos, entonces pensé: ¡Qué suerte! Masitas para el desayuno. *Denalyn debe haberlas puesto aquí para mí.*

> El Dios que guio a David, lo guía a usted.

Comí una y la encontré muy gomosa, casi pegajosa. *Una interesante textura*, pensé, *me hace recordar al pan árabe.* Comí una segunda porción. El sabor era un poco suave para mi gusto, pero cuando la mezclé con café, se volvió una opción interesante. Tomé una tercera para el camino. Hubiera tomado una cuarta, pero quedaba solo una, se la dejé a Denalyn.

Más tarde, durante el día, ella me llamó:

—Parece que alguien estuvo metido en la bolsa de la cocina.

—Fui yo —admití—. He comido galletas mejores pero, realmente, no estaban malas.

—Esas no eran galletas, Max.

—¿No lo eran?

—No.

—¿Y qué eran?

—Eran galletas, hechas en casa, pero para el perro.

Ah, eso lo aclaró todo. Eso explicó la textura gomosa y sin sabor. Eso explicó por qué me rasqué la panza todo el día y daba coces (sin mencionar mi súbito interés por oler las bocas de incendio...).

Debía haber consultado al fabricante. Necesitamos consultar a los nuestros.

Es probable que usted no tenga las piedras Urim y Tumim, pero...

¿Tiene una Biblia? Entonces léala.

¿Tiene algún otro libro que alguna vez haya sido descrito de la siguiente manera: «Ciertamente, la palabra de Dios es viva y poderosa, y más cortante que cualquier espada de dos filos. Penetra hasta lo más profundo del alma y del espíritu, hasta la médula de los huesos, y juzga los pensamientos y las intenciones del corazón»? (Hebreos 4:12).

«Viva y poderosa». ¡Las palabras de la Biblia tienen vida! Sustantivos con ritmo de pulsación. Adjetivos musculares. Verbos revoloteando de aquí para allá atravesando las páginas. Dios

¿Tiene una Biblia?
Entonces léala.

obra a través de estas palabras. La Biblia es a Dios lo que un guante quirúrgico es al cirujano. Logra, a través de ellos, tocarle profundamente a usted.

¿No ha sentido alguna vez su contacto?

En una última, solitaria hora, usted lee estas palabras: «Nunca te dejaré; jamás te abandonaré» (Hebreos 13:5). La oración reconforta como una mano sobre su hombro.

Cuando la ansiedad carcome su paz como una termita, alguien comparte esta página con usted: «No se inquieten por nada; más bien, en toda ocasión, con oración y ruego, presenten sus peticiones a Dios y denle gracias» (Filipenses 4:6). Las palabras estimulan un suspiro de su alma.

O quizá la pereza esté tocando a su puerta. Usted está considerando un intento que le parece poco entusiasta cuando Colosenses 3:23 viene a su mente: «Hagan lo que hagan, trabajen de buena gana, como para el Señor y no como para nadie en este mundo». Semejantes palabras pueden penetrar, ¿no es cierto?

Úselas: «Que habite en ustedes la palabra de Cristo con toda su riqueza: instrúyanse y aconséjense unos a otros con toda sabiduría; canten salmos, himnos y canciones espirituales a Dios, con gratitud de corazón» (Colosenses 3:16).

No tome una decisión, sea esta grande o pequeña, sin sentarse ante Dios con una Biblia abierta, un corazón abierto, oídos atentos, imitando al sacerdote Samuel: «Habla, que tu siervo escucha, respondió Samuel» (1 Samuel 3:10).

¿Tiene una Biblia? Léala.

¿Tiene una familia de fe? Consúltela.

Otros han hecho su pregunta. No es el primero que enfrenta el problema. Alguien más ya ha estado parado donde está usted y preguntándose lo que usted se pregunta.

Busque consejo: «Consideren cuál fue el resultado de su estilo de vida, e imiten su fe» (Hebreos 13:7).

¿Tiene un matrimonio complicado? Fortalézcalo. ¿Lucha con la ética en los negocios? Busque sabios consejos de un empresario cristiano. ¿Lucha con la toma de decisiones en la mitad de su vida? Antes de que abandone a su familia y haga efectiva su jubilación, tómese tiempo para obtener un consejo: «Al necio le parece bien lo que emprende, pero el sabio atiende al consejo» (Proverbios 12:15).

> ¿Tiene una familia de fe? Consúltela.

No necesita un efod para ponerse o piedras para consultar; usted tiene a la familia de Dios. Él le hablará a través de ella. Y le hablará también a través de su propia conciencia.

¿Posee un corazón para Dios? Préstele atención.

Cristo impulsa a los corazones apasionados por Él. «Pues Dios es quien produce en ustedes tanto el querer como el hacer para que se cumpla su buena voluntad» (Filipenses 2:13). ¿Qué le dice su corazón que tiene que hacer? ¿Qué elección engendra la más grande sensación de paz?

> Cristo impulsa a los corazones apasionados por Él.

Algunos años atrás, Denalyn y yo estábamos por mudarnos a otra casa. La estructura de la vivienda que habíamos elegido era buena y el precio justo, parecía una mudanza prudente, pero había algo que no me hacía sentir tranquilo. El proyecto me producía inquietud y malestar. Finalmente, manejé hasta la oficina del constructor y desistí de la operación. No puedo precisar con exactitud la causa de mi disconformidad, solo que me sentía intranquilo.

Hace unos meses atrás, me pidieron que ofreciese una charla en una conferencia que promoviera la unidad racial. Intenté desistir, pero no pude hacerlo. El evento se mantuvo flotando en mi mente como un corcho en un lago. Finalmente acepté y, cuando volvía del acto, no podía explicar la impresión que me había producido. Pero sentí una gran tranquilidad por tomar esa decisión, y eso fue suficiente.

Algunas veces, una elección solo se «siente» correcta. Cuando Lucas justificó el escrito de su evangelio a Teófilo, dijo: «Por lo tanto, yo también, excelentísimo Teófilo, habiendo investigado todo esto con esmero desde su origen, he decidido escribírtelo ordenadamente» (Lucas 1:3).

> Dios no lo llevará a violar su Palabra.

¿Se fijó en la frase «he decidido»? Esas palabras reflejan a una persona parada en una encrucijada. Lucas consideró sus opciones y seleccionó el sendero que le pareció correcto.

Judas hizo lo mismo. Intentó dedicar su epístola al tema de la salvación, pero se sintió inseguro con la elección. Mire el tercer versículo de su carta.

«Estimados amigos, quería escribir acerca de la salvación que compartimos. Pero sentí la necesidad de escribirles sobre algo más: quiero animarlos a pelear por la fe que le fue dada a la santa gente de Dios una vez y para siempre».

Insisto en el lenguaje empleado: «Quería... pero sentí». ¿De dónde vinieron los sentimientos de Judas? ¿No vinieron de Dios? El mismo Dios que «produce en ustedes tanto el querer como el hacer para que se cumpla su buena voluntad» (Filipenses 2:13).

Dios crea el «querer» dentro de nosotros.

Tenga cuidado con eso. A la gente le han enseñado a justificar estúpidamente que se base en sus «sentimientos». «Sentí a Dios dirigiéndome a engañar a mi esposa... a ser indiferente a mis cuentas... a mentir a mi jefe... a coquetear con una vecina casada». Téngalo presente: Dios no lo llevará a violar su Palabra. No va a contradecir sus enseñanzas. Tenga cuidado con la frase: «Dios, permíteme...». No bromee. No disimule su pecado como si fuese una indicación de Dios. Él no le indica mentir, engañar ni lastimar. Él lo llevará fielmente a través de las palabras de su Escritura y los consejos de sus fieles.

No necesita un efod ni unas piedras preciosas, usted tiene un corazón en el cual el Espíritu de Dios habita. Como lo escribió F. B. Meyer un siglo atrás:

«Cada hijo de Dios tiene su propia piedra urim y tumim... una conciencia desprovista de ofensa, un corazón que se limpió en la sangre de Cristo, una naturaleza espiritual que se impregna y se llena del Espíritu Santo de Dios... ¿Está usted en dificultades respecto de su camino? Vaya a Dios con su pregunta; obtenga la dirección a partir de la luz de su sonrisa o la nube de su rechazo... esté solo, donde las luces y las sombras de la Tierra no puedan interferir, donde la alteración de su propio deseo no

moleste, donde las opiniones humanas no lleguen...
Espere ahí, en silencio y expectante. Aunque todo
a su alrededor insista en una inmediata decisión de
la acción, el deseo de Dios se mostrará claramente,
y usted... ganará una nueva concepción de Dios [y]
un más profundo entendimiento de su naturaleza».[2]

¿Tiene un corazón para Dios? Preste atención.
¿Una familia de fe? Consúltela.
¿Una Biblia? Léala.
Usted tiene todo lo que necesita para enfrentar las preguntas tamaño gigante de su vida. La mayoría de ustedes
tienen un Dios que los ama demasiado como para dejarlos
vagando. Confíe en Él... y evite las galletas para perro.

12

FORTALEZAS

Pedro se sienta en la calle y apoya su cabeza en un edificio. Le gustaría golpearla contra el muro. Estropeó todo de nuevo. Todos alguna vez decimos cosas que no debemos. Pedro lo hace a diario. Siempre suelta las palabras equivocadas; como la ballena que hace brotar agua salada, rociando sin cuidado a todos lados. Siempre hiere a alguien, pero esta noche lastimó a su amigo más querido. ¡Oh, Pedro y su lengua, que se dispara tan rápido!

También le sucede a Joe, con sus equivocaciones. El pobre muchacho no puede durar en un empleo. Su carrera de altibajos compite con las Montañas Rocallosas: hacia arriba, hacia abajo, frío, calor, exuberancia, sequedad. Intentó hacer algo en el mundo de los negocios de su familia y lo despiden. Probó como gerente y terminó encerrado en prisión. Ahora está preso y su futuro es tan sombrío como el desierto de Mojave. Nadie podría criticarlo por su sentimiento de inseguridad; ha fracasado en cada oportunidad que se le ha presentado.

Entonces la tenemos a ella, no en el trabajo, sino en el matrimonio. El primero que tuvo, fracasó. También el segundo. Para el derrumbe del tercero ya sabía los nombres de los nietos del secretario del juzgado. Si su cuarta visita a la corte que los divorció no la convenció, la quinta le sacó todas sus dudas. Estaba destinada a los fracasos maritales.

La gente y sus proverbiales contratiempos. Pedro siempre abre la boca antes de pensar. Joe falla donde debería tener un resultado exitoso. La querida mujer gana en los matrimonios tanto como un burro en el hipódromo de Churchill Downs.

Y a usted, ¿qué problema lo aqueja?

Algunos son propensos al engaño. Otros, rápidos para dudar. Quizás usted se preocupe. Sí, todo el mundo se preocupa por algo, pero usted es dueño de la distribuidora nacional de la ansiedad. Quizá sea muy crítico. Seguro, todos podemos ser críticos, pero usted critica más que un juez federal.

¿Cuál es esa debilidad, el mal hábito, la actitud desconsiderada? ¿Dónde tiene Satanás su fortaleza en usted? ¡Ah!, ahí está la palabra apropiada, *fortaleza*: un baluarte, una ciudadela, murallas gruesas, puertas altas. Es como si el demonio hubiera tomado una debilidad y construido una rampa alrededor. «No tocarás este defecto»; desafía al paraíso, ubicándose de lleno entre la ayuda de Dios y su

- temperamento explosivo,
- imagen frágil de usted mismo,
- hambre insaciable,
- desconfianza en la autoridad.

Las épocas van y vienen, y este monstruo del lago Ness todavía merodea en las profundidades de su alma. No se irá. Vive a ambos lados de su nombre compuesto: suficientemente *fuerte* como para asirse como un vicio, y suficientemente cabeza dura como para *mantenerse*. Se sujeta como una trampa para osos: cuanto más usted se sacude, más lastima.

Fortalezas: los desafíos viejos, difíciles, desalentadores.

Eso es a lo que David se enfrentó cuando miró hacia Jerusalén. Cuando usted y yo pensamos en la ciudad, nos imaginamos templos y profetas, a Jesús enseñando y a la iglesia del Nuevo Testamento creciendo. Nos imaginamos una capital próspera, centro de interés histórico.

Cuando David ve a Jerusalén, en el año 1000 A. C., observa algo más: una fortaleza vieja, milenaria y sombría, ocupada desafiantemente sobre la columna vertebral de una cadena de colinas. Un accidentado terreno la elevaba. Altas murallas la protegían. Los jebuseos la habitaban. Nadie los molestaba. Los filisteos pelean con los amalecitas. Los amalecitas pelean con los hebreos. Pero ¿los jebuseos? Ellos son una serpiente de cascabel enroscada en el desierto. Todos los dejaban solos.

Todos... menos David. El recientemente coronado rey de Israel tiene sus ojos puestos en Jerusalén. Está heredando un reino dividido. La gente necesita no solo un líder, sino una fuerte sede central. David tiene su base en Hebrón, demasiado lejos, al sur, como para enlistar a los leales de las tribus del norte. Pero si se muda al norte, se aislará del sur. Entonces busca una ciudad neutral, centralizada.

Quiere a Jerusalén. Nosotros solo podemos preguntarnos cuánto tiempo ha estado mirando sus muros. Creció en Belén, a solo un día de caminata al sur. Se escondió en las cuevas de la región de Engadi, no muy lejos hacia el sur. Seguramente notó la presencia de Jerusalén. En algún lugar relacionó esa parte como la capital perfecta. Apenas tuvo la corona en su cabeza cuando puso sus ojos en su nuevo Goliat.

«El rey y sus soldados marcharon sobre Jerusalén para atacar a los jebuseos, que vivían allí. Los jebuseos, pensando que David no podría entrar en la ciudad, le dijeron: "Aquí no entrarás; para ponerte en retirada, nos bastan los ciegos y los cojos". Pero David logró capturar la fortaleza de Sion, que ahora se llama la Ciudad de David. Aquel día David dijo: "Todo el que vaya a matar a los jebuseos, que suba por el acueducto, para alcanzar a los cojos y a los ciegos. ¡Los aborrezco!". De ahí viene el dicho: "Los ciegos y los cojos no entrarán en el palacio". David se instaló en la fortaleza y la llamó Ciudad de David». (2 Samuel 5:6-10)

Esta corta historia nos atormenta con la apariencia de las dos caras del término *fortaleza*. En el versículo 7, «David logró capturar la fortaleza», y en el 9, «David se instaló en la fortaleza».

Jerusalén reúne estas calificaciones: una fortaleza vieja, difícil y desalentadora. Desde lo alto de las torres, los soldados jebuseos tienen suficiente tiempo como para dirigir sus flechas a cualquiera que trate de escalar las murallas. Y ¿desalentadora? Solo escuche la forma pendenciera en que sus moradores le hablan a David: «Aquí no entrarás; para ponerte en retirada, nos bastan los ciegos y los cojos» (5:6).

Los jebuseos vierten desprecio en David como Satanás descarga desaliento en usted:

- «Usted nunca vencerá sus malos hábitos».
- «El que nace en un segmento social despreciado y pobre, muere en un segmento social despreciado y pobre».
- «¿Piensa que puede vencer su adicción? Piénselo de nuevo».

Si ha escuchado las burlas que David oyó, su historia necesita la palabra que David tiene. ¿La leyó? La mayoría la pasa apurada. Nosotros no lo haremos. Saque un lápiz o subraye esta obra maestra de diez letras.

Sin embargo.

«Sin embargo, David tomó la fortaleza...»

Se admite que la ciudad era vieja, las murallas difíciles, las voces desalentadoras... *Sin embargo*, David tomó la fortaleza.

¿No le parecería extraordinario que Dios escribiera un *sin embargo* en su biografía? Nació de padres alcohólicos, *sin embargo*, llevó una vida sobria. Nunca fue a la escuela, *sin embargo*, llegó a dominar el comercio. No leyó la Biblia hasta la edad de su retiro, *sin embargo*, tuvo una fe perdurable y profunda.

Todos nosotros necesitamos un *sin embargo*. Y Dios tiene suficientes, las fortalezas no significan nada para Él. ¿Recuerda las palabras de Pablo? «Las armas con que luchamos no son del mundo, sino que tienen el poder divino para derribar fortalezas» (2 Corintios 10:4).

¿No le parecería extraordinario que Dios escribiera un sin embargo en su biografía?

Usted y yo peleamos con mondadientes; Dios viene con arietes y cañones. Lo que hizo por David, puede hacerlo por nosotros. La pregunta es, ¿haremos lo que David hizo? El rey modela mucho aquí.

David hace oídos sordos a esas viejas voces. ¿Y esos burlones que se pavonean sobre lo alto de las murallas? Descartó sus voces y se concentró en su trabajo.

Nehemías, sobre esas mismas murallas, asumió una actitud idéntica. En su caso, sin embargo, estaba sobre las piedras, y los que se burlaban estaban en la base. Avancemos quinientos años, y verá que los bastiones de Jerusalén están en ruinas, y mucha de su gente en cautiverio. Nehemías encabezó un programa de reconstrucción para restaurar las fortificaciones. Los críticos le dicen que se detenga. Planean interferir en su trabajo. Ponen una lista de razones: que las piedras no pueden y no deberían ser reapiladas. Pero Nehemías no los escucha. «Así que envié unos mensajeros a decirles: "Estoy ocupado en una gran obra, y no puedo ir. Si bajara yo a reunirme con ustedes, la obra se vería interrumpida"» (Nehemías 6:3). Nehemías supo cómo apretar el botón para no escucharlos.

Jesús hizo lo mismo. Respondió a la tentación de Satanás con tres lacónicas oraciones y tres versículos de la Biblia. No dialogó con el diablo. Cuando Pedro le dijo a Cristo que eludiera la cruz, Jesús no consideró ese pensamiento. «¡Aléjate de mí, Satanás!» (Mateo 16:23). Una multitud ridiculizó lo que dijo acerca de una joven chica: «La niña no está muerta sino dormida. Entonces empezaron a burlarse de él» (9:24). ¿Sabe lo que hizo Jesús con esas personas?, las silenció: «Pero cuando se les hizo salir, entró él, tomó de la mano a la niña, y esta se levantó» (9:25).

David, Nehemías y Jesús fueron selectivos con lo que escucharon. ¿Podemos nosotros hacer lo mismo?

Dos tipos de pensamientos compiten continuamente por su atención. Uno dice: «Sí, usted puede». Y el otro: «No, usted no puede». Uno dice: «Dios lo ayudará». El otro miente: «Dios lo ha dejado». Uno habla el lenguaje del paraíso, el otro engaña en el vernáculo de los jebuseos. Uno proclama la fuerza de Dios. El otro muestra las fallas que usted tiene. Uno anhela formarlo, el otro busca destrozarlo. Y aquí tenemos la gran noticia: Usted selecciona las voces que desea escuchar. ¿Por qué escuchar a los que se burlan? ¿Por qué prestarles atención? ¿Por qué dar oído a idiotas y burlones cuando, con la misma oreja, puede escuchar la voz de Dios?

> ¿Por qué escuchar a los que se burlan... cuando, con la misma oreja, puede escuchar la voz de Dios?

Haga lo que hizo David. Vuélvase sordo a las viejas voces. Y abra los ojos a las nuevas opciones. Cuando todos los demás vieron murallas, David vio túneles. Los otros se concentraron en lo obvio. David buscó lo inusual. Desde que hizo lo que ninguno esperó, logró lo que ninguno imaginó. Manténgase creativo con su problema a solucionar.

Conozco a una joven pareja que luchó contra la tentación sexual. Querían guardar el sexo para la luna de miel, pero no sabían si iban a poder. Entonces, hicieron lo que hizo David. Intentaron un enfoque diferente. Pidieron el apoyo de una pareja casada. Pusieron su teléfono en la lista de urgencias y les pidieron permiso para llamarlos, sin preocuparles la hora, cuando la tentación fuese grave. La muralla era alta, pero ellos tomaron el túnel.

Tuve un amigo que luchaba con la muralla del alcohol. Probó una táctica nueva. Nos dio permiso a otros y a mí para pegarle en la nariz si lo veíamos tomando. La muralla era demasiado alta, entonces probó con el túnel.

Una mujer contrarresta su ansiedad memorizando largas secciones de las Escrituras. Un representante comercial le pide al personal del hotel retirar la televisión de su habitación; de esa manera, no se tentará con películas para adultos. Otro hombre estaba tan cansado de sus prejuicios en un pequeño vecindario, que hizo nuevos amigos y cambió su actitud.

Si la muralla es muy alta, pruebe con el túnel.

David encontró nuevas esperanzas en una cavidad fuera de las murallas de Jerusalén. Entonces usted puede. No muy lejos de los túneles de David se encuentra la tumba de Cristo. Lo que hizo el túnel de David por él, la tumba de Jesús puede hacerlo por usted. «Y cuán incomparable es la grandeza de su poder a favor de los que creemos. Ese poder es la fuerza grandiosa y eficaz que Dios ejerció en Cristo cuando lo resucitó de entre los muertos y lo sentó a su derecha en las regiones celestiales» (Efesios 1:19-20).

Haga lo que hizo David.

Haga oídos sordos a las antiguas voces.

Abra muy bien los ojos ante las nuevas opciones.

Usted, quién sabe, podría ser alguien que ore tanto que Dios le confiera un *sin embargo*. Dios ama a esas personas.

Le dio uno a Pedro. ¿Lo recuerda? El que hablaba primero y pensaba después. Dios lo liberó de la fortaleza de Satanás con su lengua. Para prueba, lea el sermón de Pentecostés de Pedro en Hechos 2. Dios cambió al impetuoso Pedro en el apóstol Pedro (Lucas 22:54-62).

¿Y José, el fracasado? Su familia lo echó. Su empleador lo mandó a la cárcel... ¿Podrá alguna vez lograr algo? José lo hizo. Fue Primer Ministro de Egipto (Génesis 37-50).

¿Y qué hay sobre la mujer que se divorció cinco veces? Jesús disciplinó a aquella que se deshacía de los hombres. En el último informe, estaba dedicándose por completo a Cristo. La mujer samaritana fue la primera misionera de Jesús (Juan 4:1-42). Otras pruebas: «Las armas con que luchamos no son del mundo, sino que tienen el poder divino para derribar fortalezas» (2 Corintios 10:4).

Pedro negó a Jesús.

José fue a prisión en Egipto.

La mujer samaritana se había casado cinco veces.

A Jesús lo mataron...

Sin embargo: Pedro predicó, José dirigió, la mujer predicó, Jesús se levantó y ¿usted? Complételo. Su *sin embargo* espera.

13

DEIDAD DISTANTE

UN HOMBRE MUERTO y uno danzando. Uno extendido en el suelo y otro saltando en el aire. El hombre muerto es Uza, el sacerdote. El hombre que danza es David, el rey. Los lectores de 2 Samuel no entienden la situación.

Pero un pequeño antecedente los ayudará.

La muerte del primero y la danza del segundo tenían que ver con el arca del pacto, una caja rectangular encargada por Moisés. El cofre no era grande: un metro veinte de alto y setenta centímetros de ancho. Un trío de los más preciosos artefactos hebreos estaba dentro del arca: un vaso de oro de fresco maná; la vara que ayudaba a Aarón a caminar, que había echado brotes suficientemente antes de que fuera cortada; y las preciosas tablillas de piedra que sintieron el dedo de Dios que grababa. Un pesado propiciatorio de oro servía como tapa del cofre. Dos querubines de oro, con alas extendidas, que se enfrentaban y miraban hacia abajo, a la tapa, representaban la majestuosidad de Jehová mirando sobre la ley y las necesidades de la gente. El arca simbolizaba la provisión de Dios (el maná), el poder de Dios (la vara), los preceptos de Dios (los mandamientos) y sobre todo, la presencia de Dios.

Durante la era del templo, el sumo sacerdote tenía acceso al arca, una vez al año. Después de ofrecer sacrificios personales de arrepentimiento, entraba al *Lugar Santísimo* (el más sagrado del tabernáculo) con —de acuerdo a la leyenda— una cuerda sujeta a su tobillo, para que por medio de esta, si llegaba a morir en presencia de Dios, pudiera ser sacado de ahí.

¿Podría alguien exagerar el significado del arca? Casi nadie. ¿Cuán precioso sería para nosotros el pesebre en el cual Jesús nació? ¿Y la cruz? Si tuviéramos la cruz real en la cual fue crucificado, ¿no la protegeríamos? Pienso que sí, seguramente.

Por eso nos preguntamos por qué los israelitas no resguardaron el arca del pacto. Permitieron que juntara polvo durante treinta años dejándola al cuidado de un sacerdote que vivía a once kilómetros al oeste de Jerusalén. Estuvo abandonada, ignorada. Pero recién coronado, David determina cambiar esa situación. Después de haberse situado en la ciudad de Jerusalén, organiza el regreso del cofre como prioridad principal. Planea un desfile como los que hace la tienda *Macy's*, invitando a asistir a treinta mil hebreos.

Se unen cerca de la casa de Abinadab, el sacerdote. Sus dos hijos,[1] Uza y Ajío, están a cargo del transporte. Cargan el arca sobre una carreta tirada por bueyes y comienzan la marcha. Con el toque de trompetas, estallan los cánticos, y todo va bien en los primeros tres kilómetros, hasta que en un momento dado los bueyes tropiezan, la carreta se estremece y el arca se mueve. Uza, pensando que el cofre sagrado está por caerse, extiende sus manos para sujetarlo y «murió» (2 Samuel 6:7).

Con esto, el desfile termina realmente rápido. Todo el mundo se retira a sus casas. Profundamente angustiado, David retorna a Jerusalén. El arca es mantenida en la casa de Obed Edom, mientras David da las explicaciones pertinentes. Aparentemente con éxito, porque al cabo de tres meses David retorna, pide el arca y reanuda el desfile. Este no es tiempo de muerte. Hay baile. David entra en Jerusalén «vestido tan solo con un efod de lino, se puso a bailar ante el Señor con gran entusiasmo» (6:14).

Dos hombres: uno muerto, el otro bailando. ¿Qué nos enseña eso? Específicamente, ¿qué nos enseña acerca de invocar la presencia de Dios? «Y temiendo David a Jehová aquel día, dijo: ¿Cómo ha de venir a mí el arca de Jehová?» (2 Samuel 6:9, RVR1960).

> La tragedia de Uza nos enseña esto: *Dios viene bajo sus propios términos.*

En la historia de David y sus gigantes, este es un tema de proporciones gigantescas. ¿Es Dios una deidad distante? Las madres se preguntan asombradas: «¿Cómo puede la presencia de Dios acercarse a mis hijos?». Los padres reflexionan: «¿Cómo puede la presencia de Dios llenar mi casa?». Las iglesias desean la conmovedora ayuda, la curativa presencia de Dios entre ellas.

¿Cómo viene la presencia de Dios hacia *nosotros*?

¿Deberíamos encender una vela, entonar cánticos, construir un altar, liderar un comité, entregar un barril lleno de dinero? ¿Qué invoca la presencia de Dios? Uza y David combinan muerte y danza, para revelar una respuesta.

La tragedia de Uza nos enseña esto: *Dios viene bajo sus propios términos.* Había dado instrucciones específicas respecto de cómo transportar y cuidar el arca. Solo los sacerdotes podían estar cerca de ella. Y luego, solo después de que ellos ofrecieran sacrificios por ellos mismos y por sus familias (Levítico 16), el arca podía ser levantada, no con las manos, sino con palos de acacia. Los sacerdotes recorrieron un largo trecho transportándola a través de los aros que se encontraban en las esquinas. «Entonces vendrán los coatitas para transportar el santuario, pero sin tocarlo para que no mueran... A los coatitas no les dio nada, porque la responsabilidad de ellos era llevar las cosas sagradas sobre sus propios hombros» (Números 4:15; 7:9).

Uza debería haberlo sabido. Era sacerdote, coatita, descendiente del mismo Aarón. El arca había sido guardada en la casa de su padre Abinadab. Él había crecido allí, lo que podría explicar mejor sus acciones.

Sabe que el rey quiere el cofre y dice. «Seguro, puedo hacerlo. Lo tenemos atrás en el establo. Vamos a cargarlo». Lo santo se convierte en rutina. Lo sagrado, en secundario. Entonces cambia las órdenes que le convienen y utiliza una carreta en vez de palos y bueyes en lugar de sacerdotes. No vemos obediencia ni sacrificio. Vemos conveniencia.

Dios está enfadado.

Pero ¿tenía que matar a Uza? ¿Tenía que tomar su vida?

Le hice la misma pregunta a Joe Shulam. Joe creció en Jerusalén, estudió en una universidad rabínica y todavía vive en Israel. Es un hombre que entiende profundamente el Antiguo Testamento. Mi grupo y yo nos encontramos con él en un aeropuerto de Israel, y de ahí partimos rumbo a Jerusalén, pasando antes por las cercanías del lugar donde murió Uza. «La pregunta —opinó Joe— no es por qué Dios mató a Uza, sino por qué nos permite a nosotros vivir».

A juzgar por el número de iglesias muertas y corazones fríos, no estoy muy seguro de eso.

La imagen de Uza muerto nos envía un serio y escalofriante aviso a todos aquellos que podemos asistir a iglesias con la frecuencia que deseamos y participar de la comunión en cualquier momento que queramos. El mensaje: no se descuide ante lo sagrado. Dios no tiene que ser cargado en carretas o arrastrado por animales de acuerdo con nuestra conveniencia. No lo confunda con un genio que aparece al frotar una lámpara o un mayordomo que aparece al sonido de una campanada.

Dios se hace presente, imagínese. Pero viene bajo sus propios términos. Viene cuando se siguen las instrucciones con cuidado, cuando los corazones están limpios y se ha realizado la confesión.

Pero ¿qué hay sobre la segunda figura? ¿Cuál es el mensaje del hombre danzando?

La respuesta inicial de David sobre la muerte de Uza es cualquier cosa menos alegría. Se retira a Jerusalén confundido y dolido, «David se enojó porque el Señor había matado a Uza» (1 Crónicas 13:11). Tres meses pasan antes de que David retorne por el arca. Lo hace con un protocolo diferente. El sacrificio reemplaza a la comodidad. Los levitas se preparan «para transportar el arca del Señor, Dios de

> No se descuide ante lo sagrado.

Israel. Luego los descendientes de los levitas, valiéndose de las varas, llevaron el arca de Dios sobre sus hombros, tal como el Señor lo había ordenado por medio de Moisés» (1 Crónicas 15:14-15).

Nadie se apura. «Apenas habían avanzado seis pasos los que llevaban el arca cuando David sacrificó un toro y un ternero engordado» (2 Samuel 6:13). Cuando David nota que Dios no está enojado, ofrece un sacrificio y _____. Seleccione la respuesta correcta entre las siguientes oraciones:

a. se arrodilla ante el Señor
b. cae abatido ante el Señor
c. inclina su cabeza ante el Señor
d. baila con toda su fuerza ante el Señor

Si su respuesta fue «d», gana entonces un pase a la plaza de baile de la iglesia. David baila «con todas sus fuerzas» ante el Señor (6:14). Da vueltas, da patadas hacia arriba. Gira, salta. Esto no es precisamente el sonido del «tap» de sus pies o el balanceo de su cabeza. El término hebreo describe a David rotando en círculos, brincando y saltando. Olvide los obligatorios valses o el arrastre de pies. David, el que mató al gigante, se convierte en un experto del paso rápido. Es aquel que en Dublín, el Día de San Patricio, salta y baila a la cabeza del desfile.

> Dios se hace presente cuando los corazones están limpios y se ha realizado la confesión.

Y si eso no fuese suficiente, se quita el efod, la vestimenta de lino del sacerdote que lo cubre de la misma manera que una camiseta. Justo ahí, frente a Dios, al altar y a todos los demás, David se quita todo menos su sagrada ropa interior (imagínese al presidente escapando del Salón Oval y tomando la avenida Pensilvania en ropa interior).

David baila y nosotros nos hundimos. Contenemos la respiración. Sabemos lo que está por venir. Leemos sobre Uza. Sabemos lo que Dios hace con los que son irreverentes y demasiado confiados. Aparentemente David no estaba prestando atención. Pero aquí lo tenemos, ante la completa presencia de Dios y de los hijos de Dios, dando brincos en ropa interior. Sostenga la respiración y llame al servicio fúnebre. Es demasiado, rey David. Prepárate para ser frito, flameado o cocinado.

Pero nada de eso ocurre. El cielo está en silencio y David sigue dando vueltas, y nosotros quedamos preguntándonos: *¿No le molesta la danza a Dios? ¿Qué tiene David que Uza no tuvo? ¿Por qué el Padre del paraíso no se enfadó?*

Por la misma razón que no me enojé yo. Mis hijas ahora no lo hacen, pero cuando eran pequeñas, danzaban cuando yo llegaba a casa. Mi auto en el camino de la entrada era la señal para que comenzase la banda a tocar. «¡Papi está aquí!», exclamaban asomándose a la puerta. Y ahí mismo, en la entrada, bailaban llenas de fantasía, de una manera muy llamativa. Con chocolate en sus caras y en pañales, se paseaban para que todos los vecinos las viesen.

¿Eso me molestaba? ¿Me enojaba? ¿Me interesaba lo que la gente pensaba? ¿Les decía que se comportaran de una manera más madura? Absolutamente no.

¿Le dijo Dios a David que se comportara mejor? No. Le permitió danzar.

Las Escrituras no muestran a David danzando en ningún otro momento. No bailó sobre Goliat. Nunca se paseó entre los filisteos. Nunca inauguró su período como rey con un vals o se consagró a Jerusalén en un salón de baile. Pero cuando Dios llegó a la ciudad, no pudo siquiera sentarse.

Quizá Dios se pregunta cómo nos comportaríamos. ¿No nos divierte lo que quería David, la presencia de Dios? Jesús prometió: «Y les aseguro que estaré con ustedes siempre, hasta el fin del mundo» (Mateo 28:20). ¿Cuánto hace que desenrollamos la alfombra y celebramos por eso?

¿Qué supo David que nosotros no sabemos? ¿Qué recordó David que nosotros olvidamos? En una oración, podría ser esto:

El regalo de Dios es su presencia.

Su mayor obsequio es sí mismo. Los atardeceres roban nuestra respiración. El Caribe azul acalla nuestros corazones. Los bebés recién nacidos despiertan nuestras emociones. Amores que perduran toda la vida adornan con piedras preciosas nuestra existencia. Pero saque todo eso, los atardeceres, los océanos, el arrullo de los bebés y los tiernos corazones, y quedémonos en el Sahara, tenemos aún razones para bailar en la arena. ¿Por qué? Porque Dios está con nosotros.

El regalo de Dios es su presencia. Su mayor obsequio es sí mismo.

Esto debe ser lo que David supo. Y esto debe ser lo que Dios quiere que nosotros sepamos. No estamos ni estaremos solos. Nunca más.

Dios lo ama mucho como para dejarlo solo, por eso no lo hace. No lo ha dejado solo con sus temores, sus preocupaciones, sus enfermedades ni con su muerte. Entonces quítese de encima las inhibiciones y diviértase.

¡Y haga fiesta! «Bendijo al pueblo en el nombre del Señor Todopoderoso, y a cada uno de los israelitas que estaban allí congregados, que eran toda una multitud de hombres y mujeres, les repartió pan, una torta de dátiles y una torta de uvas pasas» (2 Samuel 6:18-19). Dios está con nosotros. Esta es una razón para celebrar.

Uza, parece, falló en eso. Tenía la visión de un dios pequeño, un dios que cabía en la caja y necesitaba ayuda con su balanceo. Por ese motivo no estaba preparado para Él. No se purificó para encontrarse con lo sagrado; no ofreció sacrificios, no observó sus peticiones. Olvidar los arrepentimientos y la obediencia: cargar a Dios en la caja de la carreta y permitir que lo transportaran.

O, en nuestro caso, vivir como en el infierno durante seis días y aprovechar la gracia del domingo. O a quién le importa en lo que cree, solo use una cruz alrededor del cuello para la buena suerte. O prenda unas pocas velas y realice algunas oraciones para que ponga a Dios de su lado.

El cuerpo sin vida de Uza nos advierte sobre ese tipo de irreverencias. El no sobrecogimiento ante Dios conduce a la muerte del hombre. Dios no será evocado, persuadido ni ordenado. Él es un Dios personal que ama, cura, ayuda e interviene. No responde a pócimas ni a eslóganes inteligentes. Él busca más. Busca reverencia, obediencia y los corazones que están hambrientos de Dios.

Y cuando los ve, ¡viene! Y cuando viene, permite que la orquesta empiece. Sí, un corazón reverente y unos pies danzantes pueden pertenecer a la misma persona.

David tenía ambas cosas.

Nosotros podríamos tener lo mismo.

> Un corazón reverente y unos pies danzantes pueden pertenecer a la misma persona.

Por otra parte, ¿recuerda lo que le comenté sobre mis hijas bailando con sus pañales y amplias sonrisas? Bien, yo solía bailar con ellas. ¿Usted piensa que me sentaba a un costado y que me perdía la diversión? No, señor. Las tomaba a las dos, es más, a las tres a la vez, y bailaba girando con ellas. Ningún padre pierde la oportunidad de bailar con sus hijos (me pregunto si David habría tenido con quien bailar).

14

PROMESAS DIFÍCILES

L A VIDA DEL REY DAVID no pudo ser mejor. Recién coronado, el salón donde estaba su trono olía a pintura fresca
y el arquitecto de su ciudad trazaba nuevos barrios. El arca
de Dios estaba localizada dentro del tabernáculo, plata y
oro desbordaban los fondos del rey y los enemigos de Israel
mantenían su distancia. Los días en que tenía que eludir a
Saúl eran recuerdos distantes.

Pero algo removió uno de ellos. Un comentario, quizás, hizo renacer una vieja conversación. Quizás una cara
familiar lo condujo a una antigua promesa. En medio de su
nueva vida, David recuerda una promesa de su viejo amigo: «El rey David averiguó si había alguien de la familia de
Saúl a quien pudiera beneficiar en memoria de Jonatán»
(2 Samuel 9:1).

La confusión arrugó las caras en la corte de David. ¿Por
qué preocuparse por el hijo de Saúl? Esta es una nueva
era, una nueva administración. ¿Quién se preocupa por la
vieja guardia? David. Y lo hace porque recuerda un pacto

que hizo con Jonatán. Cuando Saúl amenazó con matarlo, Jonatán buscó salvarlo. Jonatán tuvo éxito y entonces le hizo este pedido a David: «Y si todavía estoy vivo cuando el Señor te muestre su bondad, te pido que también tú seas bondadoso conmigo y no dejes que me maten. ¡Nunca dejes de ser bondadoso con mi familia, aun cuando el Señor borre de la faz de la tierra a todos tus enemigos!» (1 Samuel 20:14-15).

Jonatán efectivamente muere. Pero el pacto de David no. Nadie hubiera pensado dos veces que él no cumpliría con su promesa. David tiene muchas razones para olvidar el voto hecho a Jonatán.

Los dos eran jóvenes e idealistas. ¿Quién mantiene una promesa de la juventud?

Saúl fue cruel e implacable. ¿Quién honra a los hijos de un enemigo?

David tiene una nación que gobernar y un ejército por dirigir. ¿Qué rey tiene tiempo para asuntos menores?

Pero para David, un pacto no es un tema menor. Cuando catalogue al gigante al que David se enfrentó, asegúrese de que la palabra *promesa* sobreviva en su corta lista. Seguramente aparece en la mayoría de las listas de aquellos que quieran desafiar al Everest.

El esposo de la mujer deprimida conoce el desafío de una promesa. Como diariamente ella se tropieza con una oscura neblina, él se pregunta qué le ocurrió a la muchacha con la que se casó. ¿Usted puede mantener una promesa como esa en momentos así?

La esposa de un marido que engaña se pregunta lo mismo. Él está de vuelta y le pide disculpas. Ella está herida y se pregunta: «*Rompió su promesa... ¿Debo mantener la mía?*».

Los padres se han hecho este tipo de preguntas. Los padres de hijos pródigos. Padres de fugitivos. Padres de minusválidos y discapacitados.

Incluso los padres de hijos saludables se preguntan cómo mantener una promesa. Los momentos de la luna de miel y las noches tranquilas están enterrados bajo montañas de pañales sucios y noches cortas.

Las promesas entre las flores de primavera se marchitan en los días grises del invierno: parecen tener las medidas de Gulliver en nuestra vida liliputiense. No escapamos a su sombra. David, parece, no intentó escapar.

Encontrar a un descendiente de Jonatán no parecía fácil. Nadie en el círculo de David conocía a uno. Los consejeros le preguntaron a Siba, un exsiervo de Saúl, si conocía a algún sobreviviente de la familia de Saúl. Y fíjese muy bien en la respuesta: «Sí, Su Majestad. Todavía le queda a Jonatán un hijo que está tullido de ambos pies, le respondió Siba» (2 Samuel 9:33).

Siba no menciona el nombre, solo describe que el muchacho es lisiado. Sentimos una renuncia ligera y velada en sus palabras. «Tenga cuidado, David. Él no es, ¿cómo decirlo?, apropiado para el palacio. Debería pensar dos veces en mantener su promesa...».

Siba no da detalles sobre el muchacho, pero el cuarto capítulo de 2 de Samuel sí. La persona en cuestión es el primer hijo de Jonatán, Mefiboset (¡Qué nombre tan importante!

> Las promesas entre las flores de primavera se marchitan en los días grises del invierno.

¿Necesita ideas sobre cómo llamar a su hijo recién nacido? Pruebe con Siba y Mefiboset, se destacarán en la clase).

Cuando Mefiboset tenía cinco años, su padre y su abuelo murieron en manos de los filisteos. Conociendo su brutalidad, la familia de Saúl se encaminó a las colinas. La niñera de Mefiboset lo secuestró y huyó, luego tropezó y el niño se rompió ambas piernas, lo que lo convirtió en un lisiado de por vida. Los sirvientes que escaparon lo llevaron a través del río Jordán a un pueblo inhóspito, llamado Lodebar. El nombre significa «sin pasturas». Imagínese una zona poco rentable del desierto de Arizona. Mefiboset se escondió allí, primero por temor a los filisteos y después por temor a David.

Recopile los tristes detalles de la vida de Mefiboset:

- legítimo heredero del trono,
- victimizado por una caída,
- dejado discapacitado en tierra extranjera,
- vivió con temor a la muerte.

Victimizado, aislado, incapacitado, inculto.

¿Está usted seguro?, las insinuantes réplicas de Siba. «¿Está seguro de querer a alguien como ese niño en su palacio?».

David está seguro.

Los sirvientes conducen una alargada limusina a través del río Jordán y golpean en la puerta de la choza. Le explican su presencia allí, cargan a Mefiboset en el auto y lo introducen en el palacio. El chico supone lo peor. Se hace presente ante David con el entusiasmo de un preso de un pabellón de la muerte que entra en la habitación donde le colocarán la inyección letal.

El chico se inclina y pregunta:

«¿Y quién es este siervo suyo, para que Su Majestad se fije en él? ¡Si no valgo más que un perro muerto! Pero David llamó a Siba, el administrador de Saúl, y le dijo: Todo lo que pertenecía a tu amo Saúl y a su familia se lo entrego a su nieto Mefiboset... En cuanto al nieto de tu amo, siempre comerá en mi mesa». (9:8-10)

Más rápido de lo que usted pueda decir Mefiboset dos veces, es ascendido de Lodebar a la mesa del rey. Adiós oscuridad. Hola a la realeza y a los bienes. Note que David pudo haber enviado dinero a Lodebar. Con un envío anual durante su vida hubiera cumplido su promesa. Pero le dio más que una pensión a Mefiboset, le dio un lugar, un puesto en la mesa real.

Fíjese atentamente en el retrato colgando sobre la chimenea de David; verá al graduado de la escuela secundaria de Lodebar sonriendo sinceramente. David, sentado en el trono, en el centro, flanqueado por varias de sus mujeres. Justo enfrente el bronceado y bien parecido Absalón, a la derecha, cerca de la extremadamente bella Tamar, bajando en la hilera, al lado del estudioso de Salomón, verá a Mefiboset, el nieto de Saúl e hijo de Jonatán, inclinado sobre sus muletas y sonriendo como si hubiera ganado la lotería de Jerusalén.

Lo que efectivamente ocurrió fue que el chico que no tenía piernas con que pararse, tenía todo por lo que vivir. ¿Por qué? ¿Por qué impresionó a David? ¿Lo convenció? ¿Lo coaccionó? No, Mefiboset no hizo nada de eso. A

David lo movió una promesa. El rey actúa con amabilidad no porque el chico lo merezca, sino porque la promesa es duradera.

Para más pruebas, siga la vida de Mefiboset. Se recuesta en el bastón y desaparece de las Escrituras durante quince años o algo así. Y vuelve a la superficie entre el drama de la rebelión de Absalón.

Absalón, un rebelde y perverso chico, obliga a David a escapar de Jerusalén. El rey huye en desgracia solo con unos pocos y fieles amigos. ¿Adivine quién está entre ellos? ¿Mefiboset? Pensé que usted supuso eso. Pero no es él. Siba, sí. Siba le dice a David que Mefiboset se ha puesto del lado del enemigo. David no responde. La historia progresa, Absalón perece y David retorna a Jerusalén, donde Mefiboset le da al rey otra versión de los hechos. Lo encuentra, a David, con una barba descuidada y la ropa hecha trizas, con la apariencia de una persona afligida. Siba —le explica Mefiboset—, lo había abandonado en Jerusalén y sin un caballo en el cual viajar.

¿Quién está diciendo la verdad? ¿Siba o Mefiboset? Uno está mintiendo. Pero ¿cuál? No lo sabemos. No lo sabemos porque David nunca lo pregunta. Y no lo pregunta nunca porque no le interesa. Si Mefiboset dice la verdad, se queda en el palacio. Si miente, se queda en el palacio. Su lugar allí depende no de su comportamiento, sino de la promesa que hizo David.

> Dios establece el estándar para mantener un pacto.

¿Por qué? ¿Por qué David es tan leal? ¿Y cómo? ¿Cómo puede ser tan leal? Si fuese posible preguntarle a David cómo cumplir su promesa gigante, nos llevaría de su historia a la de Dios. Dios establece el estándar para mantener un pacto.

Como les dice Moisés a los israelitas:

«Reconoce, por tanto, que el Señor tu Dios es el Dios verdadero, el Dios fiel, que cumple su pacto generación tras generación, y muestra su fiel amor a quienes lo aman y obedecen sus mandamientos». (Deuteronomio 7:9)

Dios hace promesas y nunca las rompe. La palabra que en hebreo se utiliza para pacto es *beriyth*, que significa «un solemne acuerdo de fuerzas vinculadas».[1] Su irrevocable pacto corre como un hilo escarlata a través del tapiz de las Escrituras. ¿Recuerda su promesa a Noé?

«"Este es mi pacto con ustedes: Nunca más serán exterminados los seres humanos por un diluvio; nunca más habrá un diluvio que destruya la tierra". Y Dios añadió: "Esta es la señal del pacto que establezco para siempre con ustedes y con todos los seres vivientes que los acompañan: He colocado mi arco iris en las nubes, el cual servirá como señal de mi pacto con la tierra. Cuando yo cubra la tierra de nubes, y en ellas aparezca el arco iris"». (Génesis 9:11-14)

Cada arcoíris nos recuerda el pacto con Dios. Curiosamente, los astronautas, que han visto el arco iris desde el espacio, cuentan que está formado por un círculo completo.[2] La promesa de Dios está igualmente intacta y no tiene fin.

Abraham puede hablar con usted sobre las promesas. Dios le dijo a su patriarca que contar las estrellas y contar sus descendientes sería el mismo desafío. Para asegurar el juramento, Dios le hizo cortar a Abraham por la mitad varios animales. Para sellar el acuerdo en el Antiguo Oriente, el hacedor de promesas pasó por entre animales muertos divididos por la mitad, ofreciendo encontrarse con el mismo resultado si quebrantaba su palabra.

> Su irrevocable pacto corre como un hilo escarlata a través del tapiz de las Escrituras.

«Cuando el sol se puso y cayó la noche, aparecieron una hornilla humeante y una antorcha encendida, las cuales pasaban entre los animales descuartizados. En aquel día el Señor hizo un pacto con Abram. Le dijo: A tus descendientes les daré esta tierra, desde el río de Egipto hasta el gran río, el Éufrates». (Génesis 15:17-18)

Dios toma las promesas muy en serio y las sella en forma dramática. Considere el caso de Oseas. Setecientos años antes del nacimiento de Jesús, Dios le encomendó que se casara con una prostituta llamada Gomer (si su profesión no le dice nada, quizá su nombre sí). Oseas obedeció. Gomer dio a luz a tres niños, ninguno de los cuales era hijo de Oseas. Gomer abandonó a Oseas por una vida equivalente a la de una prostituta que se contrata por teléfono en un club nocturno. Pero lo más degradante aparece en una subasta, donde los hombres ofrecen dinero, como ocurría con los esclavos. Cualquier hombre joven la hubiera rechazado. No Oseas, que saltó en la subasta, compró a su mujer y la llevó a su casa nuevamente. ¿Por qué? Aquí está la explicación de Oseas.

Me habló una vez más el Señor, y me dijo: «Ve y ama a esa mujer adúltera, que es amante de otro. Ámala como ama el Señor a los israelitas, aunque se hayan vuelto a dioses ajenos y se deleiten con las tortas de pasas que les ofrecen». Compré entonces a esa mujer por quince monedas de plata. (Oseas 3:1-2)

¿Necesita una imagen de cómo se cumple una promesa a Dios? Mire a Oseas, cómo compra a su mujer. Observe la hornilla que pasaba quemándose entre los animales. Mire el arcoíris. O, mire a Mefiboset. Usted nunca ha sido presentado como Mefiboset de Lodebar, pero podría. Recuerde los detalles de su desastre. Él era:

- el legítimo heredero del trono,
- fue victimizado por una caída,
- discapacitado, quedó en tierra extranjera,
- vivió bajo el temor a la muerte.

¡Esa es su historia! ¿No nació usted como el hijo del rey? ¿A usted no lo dejaron inestable a causa de un tropiezo de Adán y Eva? ¿Quién entre nosotros no ha vagado por las arenas secas de Lodebar?

Pero luego vino el mensajero del palacio. Un maestro de cuarto grado, un amigo de la escuela secundaria, una tía, un predicador de la televisión. Ellos llegaron con noticias importantes y una limusina. «No lo vas a poder creer —anunciaron—, pero el rey de Israel tiene un lugar para ti en su mesa. El nombre en el plato está impreso y la silla, vacía. Te quiere en su familia».

¿Por qué? ¿A causa de su cociente intelectual? Dios no necesita consejero.

> Su vida eterna, la ha causado un convenio, ha asegurado un convenio y se ha basado en un convenio.

¿A causa de su cuenta jubilatoria? Para Dios eso no vale nada.

¿Por sus habilidades organizacionales? Seguro, el arquitecto de órbitas necesita sus consejos.

Disculpe, Mefiboset. Su invitación no tiene nada que ver con usted y sí con Dios. Él hizo la promesa de darle vida eterna. «Dios, que no miente, ya lo había prometido antes de la creación» (Tito 1:2).

Su vida eterna, la ha causado un convenio, la ha asegurado un convenio y se ha basado en un convenio. Usted puede poner a Lodebar en el espejo retrovisor, por una razón: Dios mantiene sus promesas. ¿No debería la promesa de Dios inspirar las suyas?

El cielo sabe que usted puede usar alguna inspiración. La gente puede hacer que se sienta exhausto. Y hay veces en las que todo lo que podemos hacer no es suficiente. Cuando un cónyuge decide partir, no podemos forzarlo a quedarse. Cuando un cónyuge es abusador, no deberíamos quedarnos con él. El mejor amor puede no ser correspondido. No intento, en ningún momento, minimizar los retos a los que se enfrenta.

Usted está cansado, está enojado, no está de acuerdo. Ese no es el matrimonio que esperaba ni la vida que quería. Pero las apariciones amenazadoras de su pasado están dentro de las promesas que usted hizo. ¿Puedo instarlo a que haga todo lo posible por mantenerlo? ¿Darle una oportunidad más?

¿Por qué debería? Para que entienda la profundidad del amor de Dios.

Cuando usted ama a alguien que no es fácil de amar, tiene un destello de lo que Dios hace por usted. Cuando deja la luz del porche encendida, para el hijo pródigo; cuando hace lo correcto aunque a usted le hayan hecho lo incorrecto; cuando ama al débil y enfermo; usted hace lo que Dios hace en cada momento. Los pactos lo mantienen inscrito en el postgrado de la escuela del amor divino.

¿Es por eso que Dios le ha dado este desafío? Cuando ama a los mentirosos, tramposos y rompecorazones, ¿no está haciendo lo que Dios hizo por nosotros? Preste atención y tome nota de sus luchas. Dios lo invita a entender su amor.

También quiere que lo ilustre.

David lo hizo con Mefiboset. David es la parábola viva de la lealtad a Dios. Oseas hizo lo mismo con Gomer: almacenó devoción divina. Mi madre lo hizo con mi padre. La recuerdo cuidándolo en sus últimos meses de vida. Una esclerosis progresiva paralizó su vida, a causa de la degeneración de cada músculo de su cuerpo. Y ella hizo por él lo que las madres hacen por sus hijos. Lo bañaba, lo alimentaba y lo vestía. Ubicó una cama de hospital en una habitación de nuestra casa y cumplía con su misión. Si se quejaba, nunca la escuché. Si fruncía el entrecejo, nunca la vi. Lo que sí escuché y vi, fue que mantuvo su promesa intacta. Sus acciones comunicaban: «Esto es lo que Dios hace», mientras empolvaba el cuerpo de mi padre, lo afeitaba y lavaba sus sábanas. Ella era el modelo del poder de una promesa que se mantiene.

Dios lo llama a hacer lo mismo. Ilustre el amor persistente. Encarne la fidelidad. Dios le está dando la oportunidad del tamaño de Mefiboset para mostrarles a sus hijos y a sus vecinos lo que hace el amor real.

> Cuando usted ama a alguien que no es fácil de amar, tiene un destello de lo que Dios hace por usted.

Imagínese, quién sabe, alguien podría contarle su historia de lealtad para ilustrar la lealtad de Dios.

Un pensamiento final. ¿Recuerda el retrato de familia del palacio de David? Dudo que David tuviese uno. Pero creo que en el cielo había uno. ¿No sería grandioso ver su rostro en la fotografía? Compartir el marco con gente como Moisés y Marta, Pedro y Pablo... Estarían usted y Mefiboset, y él no sería el único que sonreiría.

15

AIRE DE ALTIVEZ

U STED PUEDE ESCALAR demasiado alto por su propio bien. Es posible ascender demasiado lejos, pararse demasiado alto y elevarse demasiado.

Pero si permanece demasiado tiempo en las alturas, dos de sus sentidos lo sufrirán. Sus oídos se embotan. Es difícil escuchar cuando se está mucho más alto que los demás. Las voces se perciben distantes, las frases parecen apagadas. Y cuando se encuentra ahí arriba, su vista se enturbia. No es fácil enfocar a la gente cuando se está muy lejos de ella. Parecen demasiado pequeños, diminutas figuras sin rostros. Puede apenas distinguir uno del otro, pues todos parecen iguales.

No los escucha. No los ve. Está sobre ellos.

Es donde está exactamente David. Nunca estuvo más alto. La ola de su éxito tocó su punto más alto a la edad de cincuenta. El país es próspero. En dos décadas en el trono, se ha distinguido como guerrero, músico, estadista y rey. Su gabinete es fuerte y su frontera se extiende por 100.000

kilómetros cuadrados. Sin derrotas en el campo de batalla, sin imperfecciones en su administración, la gente lo ama, sus soldados le sirven, la multitud lo ama. Sin precedentes, David está en su nivel más alto.

> Usted puede escalar demasiado alto por su propio bien.

Por el contrario, está muy distinto a como lo encontramos en el valle de Elá. De rodillas en el arroyo, buscando cinco piedras lisas, mientras todos los demás están de pie: los soldados de pie, sus hermanos de pie. Los otros eran altos, David era bajo; panza abajo en la parte más baja del valle. Nunca más bajo, nunca más fuerte.

Pero tres décadas más tarde, su situación se revierte. Nunca más alto ni nunca más débil. David se para en el punto más alto de su vida, en la parte más alta de su reinado, en la parte más alta de la ciudad, en el balcón, mirando Jerusalén.

Debería estar con sus hombres, en la lucha contra sus adversarios, a horcajadas en su corcel. Pero no, está en su casa.

«En la primavera, que era la época en que los reyes salían de campaña, David mandó a Joab con la guardia real y todo el ejército de Israel para que aniquilara a los amonitas y sitiara la ciudad de Rabá. Pero David se quedó en Jerusalén». (2 Samuel 11:1)

Es primavera en Israel, las noches son cálidas y el aire es dulce. David tiene tiempo en sus manos, amor en su mente y gente a su disposición.

Sus ojos se posan en una mujer cuando se baña. Nos preguntaremos siempre si Betsabé se estaba bañando en un lugar donde no debería bañarse, esperando que David la observase, en el lugar donde no debería haberla observado. Nunca lo sabremos. Pero sabemos que David mira y que ve algo que le gusta. Entonces pregunta sobre ella y un sirviente retorna con la información. «Se trata de Betsabé, que es hija de Elián y esposa de Urías el hitita» (11:3).

El sirviente entrega la información con un aviso. Le da no solo el nombre de la mujer, sino también su estado civil y el nombre de su marido. ¿Por qué decirle a David que estaba casada, si no es para advertirlo? ¿Y por qué darle el nombre del marido, si no le fuera a David familiar?

Las probabilidades están, David conocía a Urías. El sirviente espera con habilidad disuadir al rey. Pero David elude la indirecta. El siguiente versículo lo describe: «Entonces David ordenó que la llevaran a su presencia, y cuando Betsabé llegó, él se acostó con ella» (11:4).

David «envía» muchas veces en esta historia. *Envía* a Joab a la batalla (v. 1). *Envía* a un sirviente a preguntar sobre Betsabé (v. 3). Tuvo que haber *enviado* mensajes para Betsabé ordenando que se dirigiese hacia él. Cuando David se entera de su embarazo, *envía* unas líneas a Joab (v. 4) para *enviar* a Urías de vuelta a Jerusalén. David *envía* a Betsabé a descansar, pero Urías es demasiado noble. David opta por *enviar* a Urías de vuelta a un lugar en la batalla, donde está seguro de que morirá. Creído de que su estrategia es completa, David *envía* a alguien por Betsabé y se casa con ella (v. 27).

No nos gusta este David que «envía», que demanda. Preferimos al David pastor, el que cuida los rebaños; el

David gallardo, que se esconde de Saúl; el David venerador, que compone salmos. No estamos preparados para el David que ha perdido el control de su propio control, que peca tanto como «envía».

Pero ¿qué le ha ocurrido? Es simple, la enfermedad de la altitud. Ha permanecido en las alturas durante demasiado tiempo. El poco aire le ha confundido los sentidos. Ya no puede escuchar, como solía hacerlo. No puede oír las advertencias de sus sirvientes ni la voz de su conciencia, ni tampoco a su Señor. El permanecer en el pináculo le ha embotado los oídos y lo ha cegado. ¿Vio David a Betsabé? No, vio su cuerpo mientras se bañaba y sus curvas. Vio a Betsabé la conquistadora. Pero ¿vio al ser humano? ¿A la esposa de Urías? ¿La hija de Israel? ¿La creación de Dios? No. David perdió la visión de las cosas. Pasar demasiado tiempo en lo más alto le ocasionará eso mismo a usted. Demasiadas horas en el sol brillante y con escaso aire lo dejarán sin aliento y mareado.

> Pero si permanece demasiado tiempo en las alturas, sus oídos se embotan y su vista se enturbia.

Por supuesto, ¿quién entre nosotros puede ascender tan alto como David? ¿Quién entre nosotros puede ordenar tener un encuentro con alguien? Los presidentes y los reyes podrían enviar a sus subalternos para que cumplan con sus demandas; nosotros tenemos suerte si podemos ordenar comida china. No tenemos ese tipo de influencias.

Podemos entender las otras luchas de David. Su temor a Saúl, escondido por mucho tiempo en el desierto. Nosotros hemos estado ahí. Pero ¿podemos entender al David arrogante? El mirador de David es un lugar donde no hemos estado.

¿O sí?

Yo no he estado en un mirador, pero estuve en un vuelo. Y no he visto el baño de una mujer, pero he visto a una azafata conduciéndose torpemente. Sin hacer nada bien. Le pedía soda y me traía jugo. Le pedía una almohada y me traía una manta. Equivocaba todos mis pedidos.

Y comencé a refunfuñar. No en voz alta, pero sí mentalmente. ¿Cuál es el problema hoy con el servicio? Supongo que me estaba poniendo un poco engreído. Fui invitado a una charla en cierto evento. La gente me decía que tenían mucha suerte de contar con mi presencia. No creo que estuviese loco, pero el hecho es que dijeron eso o al menos creí entenderlo. Entonces abordé el avión con un poco de arrogancia. Tuve que inclinar la cabeza para entrar por la puerta de la nave y me coloqué en mi asiento, sabiendo que el vuelo era seguro, puesto que el paraíso sabe que soy esencial para el trabajo de Dios.

Luego pedí la soda, la almohada... La azafata no cumplió con el pedido y rezongué. ¿Sabe lo que estaba haciendo? Ubicándome por encima de la azafata. En la jerarquía social, esa mujer estaba por debajo de mí. Su trabajo era servir y el mío, que me sirvieran.

Bueno, no me mire de ese modo. ¿Nunca se ha sentido superior a alguien? A un empleado en un estacionamiento. A un trabajador en el supermercado. Al que vende maníes en un encuentro deportivo. Al empleado en el guardarropa. Usted ha hecho lo mismo que yo. Hemos hecho lo que hizo David: perdimos nuestro oído y nuestra vista.

=

Cuando miré a la azafata, no vi a un ser humano. Vi un artículo de necesidad. Pero su pregunta lo cambió todo.

«¿Señor Lucado? —imagínese mi sorpresa cuando la azafata se arrodilló al costado de mi asiento—. ¿Es usted el que escribe libros cristianos?».

Libros cristianos, sí; pensamientos cristianos, eso es otro asunto, dije para mí mismo, mientras bajaba las escaleras de la plataforma. «¿Podría hablar con usted?», me preguntó. Sus ojos se pusieron brumosos, abrió su corazón y llenó los siguientes tres o cuatro minutos con su dolor. Los papeles del divorcio le llegaron esa mañana, su marido no le contestaba las llamadas, no sabía dónde iba a vivir, casi no podía concentrarse en su trabajo. ¿Podía orar por ella?

Lo hice. Pero los dos, Dios y yo, sabíamos que no era la única que necesitaba las oraciones.

Quizá, ¿podría usted orar también? ¿Cómo está de sus oídos? ¿Escucha a los enviados de Dios? ¿Escucha la conciencia que Dios despierta?

¿Y sus ojos? ¿Todavía ve a la gente? ¿O solo ve sus funciones? ¿Ve a las personas que necesita o a las que están por debajo de usted?

> La historia de David y Betsabé es más de poder que de deseo.

La historia de David y Betsabé es más de poder que de deseo. Es la historia de un hombre que se elevó muy alto para su propio bien. Un hombre que necesitaba escuchar estas palabras: «Baja antes de que te caigas».

«Al orgullo le sigue la destrucción; a la altanería, el fracaso» (Proverbios 16:18).

Por eso Dios odia la arrogancia. Odia ver a sus hijos caer. Odia ver a sus David seduciendo y a sus Betsabé victimizadas. Dios odia lo que el orgullo hace con sus hijos. No le disgusta la arrogancia, la odia. ¿Puede establecerlo más claramente que en Proverbios 8:13: «Yo aborrezco el orgullo y la arrogancia» «Ustedes los inexpertos, ¡adquieran prudencia! Ustedes los necios, ¡obtengan discernimiento!»? (16:5).

Usted no quiere que Dios haga que obtenga discernimiento de esta manera. Solo pregúntele a David. Nunca pudo recuperarse totalmente de su contienda con el gigante. No cometa su error. Es mucho más sabio descender la montaña que caerse de ella.

> Ser humilde no significa que se minimice, pero sí que piense menos en sí mismo.

Practique la humildad. Ser humilde no significa que se minimice, pero sí que piense menos en sí mismo. «Por la gracia que se me ha dado, les digo a todos ustedes: Nadie tenga un concepto de sí más alto que el que debe tener, sino más bien piense de sí mismo con moderación, según la medida de fe que Dios le haya dado» (Romanos 12:3).

Acepte su pobreza. Estamos igualmente quebrados y benditos. «Tal como salió del vientre de su madre, así se irá: desnudo como vino al mundo, y sin llevarse el fruto de tanto trabajo» (Eclesiastés 5:15).

Resístase a ocupar el lugar de la celebridad. «Más bien, cuando te inviten, siéntate en el último lugar, para que cuando venga el que te invitó, te diga: "Amigo, pasa más adelante a un lugar mejor". Así recibirás honor en presencia de todos los demás invitados» (Lucas 14:10).

¿No sería mejor que lo inviten a que lo menosprecien?

Dios tiene un remedio para los presuntuosos: que se bajen de la montaña. Estará encantado de lo que escucha y a quienes ve. Respirará con mucha más facilidad.

16

COLAPSOS COLOSALES

¿QUÉ SERÁ CAPAZ de dar el Vaticano por el nombre del Papa? Rogers Cadenhead buscó una respuesta. Hasta la muerte de Juan Pablo II, este autodenominado «acaparador de dominios [espacios en Internet]» registró el sitio www.BenedictXVI.com antes de que el nuevo nombre del Papa se anunciara. Cadenhead lo inscribió antes de que Roma se diese cuenta de que lo necesitaba.

El nombre correcto del dominio puede resultar lucrativo. Otro nombre, www.PopeBenedictXVI.com, superó los dieciséis mil dólares en el sitio de Internet E-Bay. Cadenhead, sin embargo, no quiso dinero. Es católico, y está feliz porque la iglesia posea el nombre. «Voy a evitar enojar a 1,1 billón de católicos y a mi abuela», bromeó.

Sin embargo, dijo que le gustaría tener algo como retribución, por lo que pensó en:

1. «uno de esos sombreros»;
2. «una estadía en el hotel del Vaticano» y

3. «una absolución completa, sin ningún tipo de preguntas, por la tercera semana de marzo de 1987».[1]

Esto le hace pensar sobre qué habrá pasado esa semana, ¿no es cierto? Tal vez haga que se acuerde de alguna semana suya. La mayoría de nosotros tuvo una de esas o quizá más de una.

Un verano completo de locura, un mes apartado, días sin control. Si existiera una caja con cintas grabadas documentando cada segundo de su vida, ¿cuál de los vídeos quemaría? ¿Ha habido alguna temporada en su vida en la cual tomó bebidas alcohólicas o inhaló drogas?

El rey David las tuvo. ¿Puede un colapso ser más colosal que eso? Seduce y deja embarazada a Betsabé, asesina a su marido y engaña a su general y sus soldados. Luego se casa con ella y es ella la que se hace cargo del hijo.

El encubrimiento aparece como total. Un observador casual no detecta ninguna causa para la preocupación. David tiene una nueva esposa y una vida feliz. Todo parece bien en el trono. Pero no todo está en armonía en el corazón de este hombre. La culpa hierve a fuego lento y describirá esta época de pecado secreto en términos muy gráficos:

«Mientras guardé silencio, mis huesos se fueron consumiendo por mi gemir de todo el día. Mi fuerza se fue debilitando como al calor del verano, porque día y noche tu mano pesaba sobre mí». (Salmos 32:3-4)

El alma de David parece un olmo canadiense en invierno. Desnudo, sin frutos, absolutamente gris. Su arpa cuelga sin las cuerdas. Su esperanza hiberna. Es una ruina que camina. Su «desastrosa semana de marzo» lo acecha como una jauría de lobos. No puede escapar a eso. ¿Por qué? Porque Dios lo mantiene a flote.

Subraye los últimos dos versículos de 2 Samuel, capítulo 11: «Lo que David había hecho le desagradó al Señor» (v. 27). Con estas palabras el narrador introduce un nuevo personaje en el drama de David y Betsabé: Dios. Hasta aquí, ha estado ausente en el texto o no ha sido mencionado en la historia.

David seduce, y no hay mención de Dios. David trama, y no hay mención de Dios. Urías está enterrado, Betsabé está casada, y no hay mención de Dios. No se le habla a Dios y Él no habla. La primera mitad del versículo 27 atrae al lector en un falso final feliz. «Después del luto, David mandó que se la llevaran al palacio y la tomó por esposa. Con el tiempo, ella le dio un hijo». Decoran el jardín de infantes y tratan de encontrar nombres en una revista. Pasan nueve meses. Nace un hijo. Y nosotros concluimos: David se salva por poco. Los ángeles archivan esta historia dentro de una carpeta marcada: «Los niños serán niños». Dios prefiere ignorar la situación. Y justo cuando pensamos eso, y también David, alguien da un paso desde atrás de las cortinas y es el centro de atención en el escenario. «Lo que ha hecho el rey David, disgusta al Señor».

Dios no estará silencioso nunca más. El nombre no mencionado en el capítulo 11 domina el capítulo 12. David el que «envía» toma asiento, mientras Dios toma el control.

Dios manda a Natán ante David. Natán es un profeta, un sacerdote, una especie de capellán de la Casa Blanca. El hombre merece una medalla por ir ante el rey. Él sabe lo que le ha ocurrido a Urías. David ha matado a un soldado inocente... ¿Qué hará con un sacerdote que lo confronta?

Sin embargo, Natán va. Más que manifestarle el hecho, le relata una historia sobre un pobre hombre con una oveja. David, instantáneamente, establece la conexión. El protagonista de esta historia pastoreaba rebaños antes de conducir a la gente. Conoce la pobreza. Es el hijo más joven de una familia demasiado pobre como para contratar un pastor. Natán le cuenta cómo ese pobre pastor amaba a una oveja, teniéndola en su propio regazo, alimentándola de su propio plato. Era todo lo que tenía.

Entra en la historia, el rico insensato. Un viajero se detiene al lado de su mansión y se ordena una fiesta. Más que matar a una oveja de su propio rebaño, el hombre rico envía a su cuerpo de guardias a robar la oveja del hombre pobre. Ellos se introducen en la propiedad, arrebatan el animal y encienden la barbacoa.

El vello en la piel de David se eriza. Aprieta los brazos del trono. Presenta un veredicto sin un tribunal: la resolución para el anochecer. «Tan grande fue el enojo de David contra aquel hombre, que le respondió a Natán: ¡Tan cierto como que el Señor vive, que quien hizo esto merece la muerte! ¿Cómo pudo hacer algo tan ruin? ¡Ahora pagará cuatro veces el valor de la oveja!» (12:5-6).

Oh David, nunca lo has visto venir, ¿no es cierto? Nunca has visto a Natán enderezando la horca o arrojando la cuerda sobre la viga. Nunca has sentido que ata tus manos por detrás, te conduce sobre el banquillo y te coloca sobre la trampilla. Solo cuando aprieta el lazo alrededor de tu cuello, tragaste. Solo cuando Natán ajusta la cuerda con las cuatro palabras: «Tú eres ese hombre» (12:7).

El rostro de David palidece. Su manzana de Adán se estremece, una gota de sudor se forma sobre su frente y se reclina hacia atrás en su silla. No tiene ninguna defensa. No pronuncia ninguna respuesta. No tiene nada que decir. Dios, sin embargo, recién está aclarándole su garganta. A través de Natán proclama:

«Yo te ungí como rey sobre Israel, y te libré del poder de Saúl. Te di el palacio de tu amo, y puse sus mujeres en tus brazos. También te permití gobernar a Israel y a Judá. Y por si esto hubiera sido poco, te habría dado mucho más. ¿Por qué, entonces, despreciaste la palabra del Señor haciendo lo que me desagrada? ¡Asesinaste a Urías el hitita para apoderarte de su esposa! ¡Lo mataste con la espada de los amonitas!». (12:7-9)

Las palabras de Dios reflejan dolor, no odio; trasuntan desconcierto, no subestimación. Tu ganado llena las colinas, ¿por qué robar? La belleza puebla tu palacio, ¿por qué tomar la de alguien? ¿Por qué el rico roba? David no tiene excusas.

Entonces Dios sentencia una frase:

«Por eso la espada jamás se apartará de tu familia, pues me despreciaste al tomar la esposa de Urías el hitita para hacerla tu mujer. Pues bien, así dice el Señor: Yo haré que el desastre que mereces surja de tu propia familia, y ante tus propios ojos tomaré a tus mujeres y se las daré a otro, el cual se acostará con ellas en pleno día. Lo que tú hiciste a escondidas, yo lo haré a plena luz, a la vista de todo Israel». (12:10-12)

Desde ese día en adelante, la confusión y la tragedia marcan a la familia de David. Inclusive el hijo del adulterio muere (12:18). Debe morir. En las naciones circundantes se cuestiona la santidad del Dios de David. David había perturbado la reputación del Señor, había manchado su honor. Y Dios, que celosamente protege su gloria, castiga el pecado público de David en un modo público. El infante perece. El rey de Israel descubre la cruda verdad en Números 32:23: «Pero si se niegan, estarán pecando contra el Señor. Y pueden estar seguros de que no escaparán de su pecado».

¿Le ha parecido cierto esto? ¿Su tercera semana de marzo de 1987 lo ha estado acosando? ¿Lo ha infectado? Estos colosales colapsos no nos dejarán solos. Permanecerán en la superficie como un forúnculo en la piel.

Mi hermano tuvo uno de esos una vez. En sus años en la escuela secundaria, tuvo una infección de esas. Un infeccioso pus rosado se localizaba en la parte posterior de su cuello, como un pequeño volcán Santa Elena. Mi madre, enfermera, supo de inmediato lo que el divieso necesitaba: un buen apretón. Dos pulgares cada mañana. Y cuanto más lo presionaba mamá, más mi hermano gritaba, pero ella no se detuvo hasta que el núcleo del divieso se eliminó por completo.

> ¿Puede Dios sentarse ociosamente mientras el pecado envenena a sus hijos?

Caramba, Max, gracias por esa hermosa imagen.

Pido disculpas por ser tan gráfico, pero necesito establecer con claridad este punto. Si piensa que mi madre fue dura... pruebe las manos de Dios. Los pecados inconfesables se asientan en nuestros corazones como forúnculos que se ulceran, se infectan y expanden. Y Dios, con cálidos y bondadosos pulgares, aplica la presión correcta:

«El buen juicio redunda en aprecio pero el camino del infiel no cambia». (Proverbios 13:15)

«La experiencia me ha enseñado que los que siembran maldad, cosechan desventura». (Job 4:8)

Dios toma su sueño, su paz, su descanso. ¿Quiere saber por qué? Porque quiere sacarle su pecado. ¿Puede una madre no hacer nada y dejar que las toxinas invadan a su hijo? ¿Puede Dios sentarse ociosamente mientras el pecado envenena al suyo? Él no descansará hasta que nosotros hagamos lo que David hizo: confesar nuestra falta. «"¡He pecado contra el Señor!", reconoció David ante Natán. "El Señor ha perdonado ya tu pecado, y no morirás", contestó Natán» (2 Samuel 12:13).

Interesante. David sentenció al imaginario ladrón de ovejas a morir. Dios es más misericordioso. Guardó el pecado de David. En lugar de encubrirlo, lo tomó y lo guardó.

> Él no descansará hasta que nosotros hagamos lo que David hizo: confesar nuestra falta.

«Tan lejos de nosotros echó nuestras transgresiones como lejos del oriente está el occidente. Tan compasivo es el Señor con los que le temen como lo es un padre con sus hijos» (Salmos 103:12-13).

A David le tomó un año. Se necesitó un sorprendente embarazo, la muerte de un soldado, la persuasión de un sacerdote, el sondeo y la urgencia de Dios, pero finalmente el corazón de David su enterneció y confesó: «He pecado contra el Señor» (2 Samuel 12:13).

> Ubique el error ante el asiento juzgador de Dios. Permítale que lo condene, permítale que lo perdone y permítale que lo deseche.

Y Dios hizo con el pecado lo que hace con los suyos y con los míos: los desecha.

Es tiempo de que usted ponga su «tercera semana de marzo de 1987» a descansar. Prepare una reunión de tres integrantes: usted, Dios y su recuerdo. Ubique el error ante el asiento juzgador de Dios. Permítale que lo condene, permítale que lo perdone y permítale que lo deseche.

Lo hará. No será necesario que tenga registrado el nombre del papa para que él lo haga.

17

ASUNTOS DE FAMILIA

AVID PARECE MUCHO MÁS viejo que sus sesenta y tantos años. Sus hombros caen, su cabeza pende. Arrastra los pies como un anciano y lucha para ubicar un pie delante del otro. Con frecuencia hace pausas, debido a que la colina es empinada, debido a que necesita llorar.

Este es el sendero más largo que haya alguna vez caminado. Más largo que el del riachuelo hasta Goliat. Más largo que el ventoso tránsito de fugitivo a rey o el paso de la culpabilidad de la condena a la confesión. En esos senderos, en algunos empinados giros, se avanza muy trabajosamente, pero no es nada comparado con el ascenso al monte de los Olivos.

«David, por su parte, subió al monte de los Olivos llorando, con la cabeza cubierta y los pies descalzos. También todos los que lo acompañaban se cubrieron la cabeza y subieron llorando». (2 Samuel 15:30)

Observe cuidadosamente y encontrará la causa de las lágrimas de David. No usa corona. Su hijo Absalón tomó Jerusalén por la fuerza. No tiene hogar. Esas murallas que se alzan a su espalda pertenecen a la ciudad de Jerusalén. Huye de la capital que fundó.

¿Quién no lloraría en un momento como ese? Sin trono, sin hogar. Con Jerusalén detrás y el desierto delante. ¿Qué ha ocurrido? ¿Perdió una guerra? ¿Estaba devastado Israel a causa de las enfermedades? ¿La hambruna privó de comida a sus amados y agotó sus fuerzas? ¿Cómo un rey termina viejo y solitario en un sendero ascendente? Veamos si David nos cuenta. Fíjese cómo responde a dos preguntas simples.

David, ¿cómo están tus hijos?

Hace una mueca de dolor cuando escucha eso. Catorce años han pasado desde que David sedujo a Betsabé, trece desde que Natán le dijo: «Por eso la espada jamás se apartará de tu familia» (12:10).

La profecía de Natán probó una verdad dolorosa. Uno de los hijos de David, Amnón, se sintió atraído por su media hermana, Tamar, una de las hijas de David, de otro matrimonio. Amnón la deseó, tramó el hecho y la violó. Y luego de la violación, se deshizo de la mujer como una muñeca usada.

Tamar, comprensiblemente, quedó desconsolada. Derramó cenizas sobre su cabeza y desgarró las ropas de colores que las hijas vírgenes del rey usaban. «Desolada, Tamar se quedó a vivir en casa de su hermano Absalón» (13:20). El siguiente versículo nos señala la respuesta de David: «El rey David, al enterarse de todo lo que había pasado, se enfureció» (v. 21).

¿Es eso? ¿Es eso todo? Queremos un versículo más extenso. Queremos unos verbos más. *Confrontar*, sería. *Castigar*, estaría bien. *Desterrar*, aun mejor. Esperábamos leer: «David estaba muy enojado y... *confrontó* a Amnón, o *castigó* a Amnón, o *desterró* a Amnón». Pero, ¿qué le hizo David a Amnón?

Nada. No hay sermón ni castigo ni encarcelamiento ni regaño severo. David no le hizo nada a Amnón.

Y aun peor, no hizo nada por Tamar. Ella necesitaba su protección, su afirmación y su aprobación. Necesitaba un papá. Y lo que obtuvo fue silencio. Entonces Absalón, su hermano, llenó ese vacío. Protegió a su hermana y conspiró contra Amnón: lo emborrachó y lo mató.

Incesto. Engaño. Una hija violada. Un hijo muerto. Otro con sangre en sus manos. Un palacio conmocionado.

Insisto, ya era tiempo de que David intensificara sus esfuerzos. De que desplegara su coraje como cuando mató a Goliat, de hombre misericordioso que perdonó a Saúl, que lideró en el arroyo de Besor. La familia de David necesitaba ver lo mejor de él. Pero no vio nada de eso. David no intervino ni respondió. Lloró. Lloró en la soledad.

Absalón interpretó el silencio como ira y huyó a esconderse en la casa de su abuelo. David no hace ningún intento por ver a su hijo. Durante tres años vivieron en ciudades separadas. Absalón retornó a Jerusalén, pero David todavía no quiere verlo. Absalón se casó y tuvo cuatro hijos. «Absalón vivió en Jerusalén durante dos años sin presentarse ante el rey» (2 Samuel 14:28).

Este rechazo pudo no haber sido fácil. Jerusalén era una ciudad pequeña. Evitar a Absalón demandaba un esfuerzo diario de confabulación y espionaje. Pero David lo logró.

Aunque lo más apropiado es decir que abandonó a todos sus hijos. Un pasaje posterior en su vida expone su filosofía como padre. Uno de sus hijos, Adonías, organizó un golpe. Reunió carros y jinetes y personal del cuerpo de guardia para tomar el trono. ¿Lo objetó David? ¿Está bromeando? «Nunca lo había contrariado ni le había pedido cuentas de lo que hacía» (1 Reyes 1:6).

David, el Homero Simpson de los padres bíblicos. La imagen de la pasividad. Cuando preguntamos sobre sus hijos, solamente gruñe. Y cuando le hacemos la segunda de las preguntas, su cara palidece.

David, ¿cómo está tu matrimonio?

Comenzamos a sospechar que hay problemas en 2 Samuel, capítulo 3. Lo que parece una aburrida genealogía es en realidad un desfile de banderas rojas.

Mientras estuvo en Hebrón, David tuvo los siguientes hijos: Su primogénito fue Amnón hijo de Ajinoán la jezrelita; el segundo, Quileab hijo de Abigaíl, viuda de Nabal de Carmel; el tercero, Absalón hijo de Macá, la hija del rey Talmay de Guesur; el cuarto, Adonías hijo de Jaguit; el quinto, Sefatías hijo de Abital; el sexto, Itreán hijo de Eglá, que era otra esposa de David. Éstos son los hijos que le nacieron a David mientras estuvo en Hebrón. (vv. 2-5)

Cuento seis esposas. Agréguele a esta lista a Mical, su primera mujer, y Betsabé, la más famosa, entonces David tuvo ocho esposas, demasiadas para darle a cada una un día en la semana. La situación se empeora cuando descubrimos un pasaje enterrado en la Biblia familiar de David. Luego de hacer una lista de los nombres de sus hijos, el genealogista agrega: «Todos estos fueron hijos de David, sin contar los hijos que tuvo con sus concubinas» (1 Crónicas 3:9).

¿Las concubinas? David es padre de otros niños de otras madres y no conocemos siquiera cuántas. Nuestro lado cínico se pregunta si David lo sabía... ¿Qué pensaba? ¿No había leído las instrucciones de Dios? «Por eso el hombre deja a su padre y a su madre, y se une a su mujer» (Génesis 2:24). Un hombre. Una mujer. Un casamiento. Una simple suma. David optó por trigonometría avanzada.

David hizo mucho muy bien. Unificó las doce tribus en una nación, dirigió conquistas militares, fundó una ciudad capital y elevó a Dios como el Señor de la gente, llevó el arca a Jerusalén y pavimentó el camino hacia el templo. Escribió poesía que nosotros aún leemos y salmos que aún cantamos. Pero en lo que se refiere a su familia, lo estropea todo.

Su fracaso más grande es estar ausente de ella. Seducir a Betsabé fue un inexcusable pero explicable acto de pasión. Matar a Urías fue un despiadado y, aun predecible, acto de un corazón desesperado. Pero ¿un padre pasivo y mujeriego reincidente? Esos no fueron pecados de un lento atardecer ni de alienadas reacciones en defensa propia. Arruinar a su familia a lo largo de la vida le costó muchísimo.

Hace algunos años, un joven esposo vino a verme, orgulloso de que tenía una esposa en casa y una amante en un departamento. Utilizaba la infidelidad de David para justificar la propia. E incluso me dijo que estaba considerando la poligamia. Después de todo, David era polígamo.

La respuesta correcta a esa insensatez es: lea el resto de la historia.

¿Recuerda a Absalón? David finalmente fue hacia él, pero era demasiado tarde. Las semillas del rencor habían extendido raíces profundas. Absalón resolvió derrocar a su padre. Reclutó al ejército de David y organizó un golpe de estado.

Su toma del poder significó la caminata más triste de David fuera de Jerusalén, en lo alto 'del monte de los Olivos, en el desierto. Sin corona. Sin ciudad. Solo un corazón entristecido, solitario, un hombre viejo. «David, por su parte, subió al monte de los Olivos llorando, con la cabeza cubierta y los pies descalzos» (2 Samuel 15:30).

Los leales finalmente alcanzaron a Absalón. Cuando trataba de escapar a caballo, su largo cabello se enredó en un árbol y los soldados lo mataron con una lanza. Cuando David supo la noticia, quedó destrozado: «¡Ay, Absalón, hijo mío! ¡Hijo mío, Absalón, hijo mío! ¡Ojalá hubiera muerto yo en tu lugar! ¡Ay, Absalón, hijo mío, hijo mío!» (2 Samuel 18:33).

Lágrimas tardías. David triunfó en todas partes, excepto en su hogar. Y ¿si usted no triunfa en su hogar, es exitoso? David podría haberse beneficiado del consejo del apóstol Pablo en Efesios 6:4: «Y ustedes, padres, no hagan enojar a sus hijos, sino críenlos según la disciplina e instrucción del Señor».

¿Cómo nos explicamos el desastroso hogar de David? ¿Cómo nos explicamos el silencio de David respecto de su familia? No hay salmos escritos sobre sus hijos. Seguramente, de todas sus esposas, una fue digna de un soneto o una canción. Pero nunca habla de ellas.

Aparte de la oración que ofreció por el hijo de Betsabé, nunca ora por su familia. Ora por los filisteos, por sus guerreros. Ofreció ruegos por Jonatán, su amigo, y por Saúl, su principal rival. Pero en lo que concierne a su familia, es como que nunca existió.

¿Estaba muy ocupado como para darse cuenta? Quizá. Tenía una ciudad para establecerse y un reinado que construir.

¿Era demasiado importante como para cuidar de ellos? «Deja a las mujeres criar a los niños, yo conduciré la nación».

¿Era demasiado culpable como para dirigirlos? Después de todo, ¿cómo podía David, que había seducido a Betsabé e intoxicado y matado a Urías, corregir a sus hijos cuando violaron y mataron?

Demasiado ocupado, demasiado importante, demasiado culpable. ¿Y ahora? Ahora es demasiado tarde. Existe una docena de demasiado tardes. Pero no es demasiado tarde para usted. Su hogar es un privilegio del tamaño de un gigante; su altísima prioridad. No cometa el trágico error de David. ¿Cómo respondería a las preguntas que le hacemos a David?

> Su hogar es un privilegio del tamaño de un gigante; su altísima prioridad.

¿Cómo está su matrimonio?

Considérelo como su violonchelo Testore. Finamente construido, un instrumento pocas veces visto que ha alcanzado la categoría de «raro» y está rápidamente ganando la condición de los «invaluables». Pocos músicos tienen el privilegio de tocar un Testore; más aun, pocos poseen uno.

Casualmente conozco a un hombre que tiene uno. Me lo prestó una vez para un sermón. Para ilustrar la frágil santidad del matrimonio, le pedí ubicar el instrumento, que tenía cerca de trescientos años de antigüedad, sobre el escenario, y expliqué lo valioso que es para la iglesia.

¿Cómo cree que traté la reliquia? ¿Que la giré, la puse hacia abajo y que toqué sus cuerdas? De ninguna manera. El violonchelo era demasiado valioso para mis torpes dedos. Además, su propietario me lo había prestado. No me atrevía a maltratar su tesoro.

> El día de su boda, Dios le prestó su trabajo artístico, complicadamente manufacturado, una obra maestra formada con precisión.

El día de su boda, Dios le prestó su trabajo artístico, complicadamente manufacturado, una obra maestra formada con precisión. Y se lo encargó a usted como una creación única. Para que la valore, la honre. Fue bendecido con un Testore, ¿por qué perder el tiempo con alguien más?

David falló en eso. Coleccionó esposas como trofeos. Vio en las esposas un medio para su placer, no como parte del plan de Dios. No cometa el mismo error.

Sea ferozmente leal a su esposa. *Ferozmente* leal. Ni siquiera mire dos veces a otra persona. No coquetee. No provoque. No merodee su escritorio ni se demore en su oficina. ¿A quién le preocupa si parece tener una actitud mojigata o maleducada? Usted hizo una promesa. Manténgala.

Y, mientras lo hace, alimente a los niños que Dios le da. ¿Cómo están las cosas con sus hijos?

Los héroes silenciosos salpican el paisaje de nuestra sociedad. No llevan puestas medallas ni besan trofeos, sino que miman a sus hijos cuando vomitan y besan sus lastimaduras. Ellos no escriben los titulares, pero cosen la línea de los dobladillos, chequean los resúmenes de las noticias y se postulan para trabajos complementarios. No encontrará sus nombres en la lista de los Nobel, pero sí en la sala de clase, en la lista de viajes compartidos y en la lista de la maestra de la Biblia.

Son padres, por sangre y por el acto de serlo, por apellido y por fecha. Héroes. Los programas de noticias no los llaman así. Pero está bien. Porque sus hijos sí. Las llaman mamá, los llaman papá. Y esas mamás y papás, más valiosos que todos los ejecutivos y legisladores del oeste del Misisipi, mantienen en silencio al mundo unido.

Esté entre ellos. Léales libros a sus hijos. Juegue a la pelota mientras pueda o ellos quieran. Propóngase mirar cada partido que jueguen, lea cada historia que escriban, escuche cada recital del que formen parte.

> Los niños deletrean amor con seis letras: T-I-E-M-P-O.

Los niños deletrean amor con seis letras: T-I-E-M-P-O. No solo calidad de tiempo, sino también tiempo sostenido, tiempo inactivo, cualquier tipo de tiempo, todo el tiempo. Sus hijos no son su *afición*, son su motivo.

Su esposa no es su trofeo, sino su tesoro.

No pague el precio que David pagó. ¿Podemos acercarnos unos pocos capítulos a sus horas finales? Para ver el costo final de abandonar a su familia, mire el modo en que nuestro héroe muere. David está a horas de su tumba. Un frío se instaló en esas sábanas y no lo pueden sacar. Los sirvientes deciden que necesita a una persona que le proporcione calor, alguien que lo sostenga fuertemente mientras él toma su último aliento.

¿Van por una de sus esposas? No. ¿Llaman a uno de sus hijos? No. «Así que fueron por todo Israel en busca de una muchacha hermosa... Se dedicó a cuidar y a servir al rey, aunque el rey nunca tuvo relaciones sexuales con ella» (1 Reyes 1:3-4).

Sospecho que David hubiera canjeado todas sus conquistadas coronas por los cariñosos brazos de una esposa. Pero fue demasiado tarde. Murió con los cuidados de una extraña porque se condujo con extraños fuera de su familia.

Pero no es demasiado tarde para usted.

Haga de su esposa el objeto de su más alta devoción. Haga de su esposo el receptor de su más profunda pasión. Ame al que use su anillo.

Y quiera al niño que comparte su apellido.

Triunfe primero en su hogar.

18

ESPERANZAS
DESTROZADAS

«Había intentado...»
El David que dice estas palabras está viejo. Las manos que balancean la onda la sostienen sin fuerzas. Los pies que danzaban ante el arca ahora se arrastran. Aunque sus ojos son aún penetrantes, su cabello es gris y su piel cae entre su barba.

«Había intentado...»
Una gran multitud escucha. Cortesanos, asesores, tesoreros y cuidadores. Se ha reunido a las órdenes de David. El rey está cansado. El momento de su partida está cercano. Escuchan y hablan.

«Había intentado construir...»
Extraña manera de comenzar una despedida. David menciona no lo que hizo, sino lo que quiso hacer y no pudo. «Yo tenía el propósito de construir un templo para que en

él reposara el arca del pacto del Señor nuestro Dios y sirviera como estrado de sus pies» (1 Crónicas 28:2).

Un templo. David quiso construir un templo. Lo que había hecho por Israel, lo quiso hacer para el arca: protegerla. Lo que hizo con Israel, quiso hacerlo con el templo: erigirlo. ¿Y quién mejor que él para hacer eso? ¿No había literalmente escrito el libro de la adoración? ¿No rescató el «arca del pacto»? El templo hubiera sido como su última obra, su documento firmado. David había esperado dedicar sus años finales a construirle un santuario a Dios.

Al menos, esa fue su intención: «Yo tenía el propósito de construir un templo para que en él reposara el arca del pacto del Señor nuestro Dios y sirviera como estrado de sus pies» (1 Crónicas 28:2).

Preparativos. Arquitectos elegidos. Constructores seleccionados. Anteproyectos y planos, dibujos y cálculos. Bosquejos de las columnas del templo. Pasos diseñados.

«Yo lo había intentado ... hice preparativos...»

Intenciones. Preparativos. Pero no hay templo. ¿Por qué? ¿Se desanimó David? No. Se mantuvo dispuesto. ¿La gente se resistía? Apenas, se mostraban generosos. ¿Eran escasos los recursos? Nada más lejos de eso. David suministró más: «Además, David juntó mucho hierro para los clavos y las bisagras de las puertas, y bronce en abundancia. También amontonó mucha madera de cedro, pues los habitantes de Sidón y de Tiro le habían traído madera de cedro en abundancia» (1 Crónicas 22:3-4). Entonces, ¿qué ocurrió?

Una conjunción.

Las conjunciones operan como semáforos en las oraciones. Algunas, como la *y*, son verdes. Otras, como *sin embargo*, son amarillas. Unas pocas son rojas. Una maza roja que lo detiene. David tuvo una luz roja.

«Así había hecho arreglos para edificarla. Pero Dios me dijo: "No edificarás casa a Mi nombre, porque eres hombre de guerra y has derramado mucha sangre... Tu hijo Salomón es quien edificará mi casa y mis atrios"» (1 Crónicas 28:2-3, 6, NBLA; énfasis del autor).

El temperamento sanguinario de David le cuesta el privilegio de construir el templo. Todo lo que pudo hacer fue decir:

Yo lo había intentado...

Había hecho preparativos...

Pero Dios...

Estoy pensando en algunas personas que han pronunciado palabras similares. Dios ha tenido planes diferentes a los de ellos.

Un hombre esperó hasta la mitad de sus treinta años para casarse. Resolvió seleccionar a la esposa correcta y, consagradamente, se tomó su tiempo. Cuando la encontró, se mudó en dirección al oeste, compró un rancho y comenzaron una vida juntos. Luego de tres cortos años, ella murió en un accidente.

Yo lo había intentado...

Había hecho preparativos...

Pero Dios...

Una joven pareja convierte una habitación en un cuarto para niños. Preparan las paredes, restauran una cuna; pero entonces, la esposa aborta espontáneamente.

Yo lo había intentado...

Había hecho preparativos...

Pero Dios...

Wilhem quería predicar. A los veinticinco años tenía la experiencia suficiente como para saber que estaba hecho para el ministerio. Vendió objetos de arte, enseñó idiomas, se encargó del comercio de libros, podía ganarse el pan de todos los días. Pero eso no era vida. Su vida estaba en la iglesia. Su pasión estaba con la gente.

¿Qué hace usted con los momentos «pero Dios» de su vida?

Entonces esa pasión lo llevó a los yacimientos de carbón del sur de Bélgica. Allí, en la primavera de 1879, ese alemán comenzó su ministerio entre los simples trabajadores mineros de Borinage. En semanas probó su entusiasmo. En una catástrofe minera murieron decenas de personas. Wilhem trabajó día y noche para atender a los heridos y alimentar a los hambrientos. Raspaba incluso los desechos de sustancias de la mina de carbón para calentar a la gente.

Luego que se despejaron los escombros y se enterró a los muertos, el joven predicador se ganó un lugar en sus corazones. La pequeña iglesia desbordaba de gente hambrienta de sus sencillos mensajes de amor. El joven Wilhem estaba haciendo lo que siempre soñó.

Pero...

Un día, su superior llegó a visitarlo. El estilo de vida de Wilhem lo impresionó. El joven predicador usaba un abrigo de soldado, sus pantalones estaban hechos con arpillera y vivía en una simple cabaña. Además, Wilhem le daba su salario a la gente. Su superior estaba realmente impresionado. «Usted luce más lastimosamente que las personas que vienen aquí a que les enseñe», dijo. Wilhem le preguntó si Jesús no hubiera hecho lo mismo, pero su interlocutor consideraba que esa no era la apariencia apropiada para un ministro. Entonces despidió a Wilhem del ministerio.

El joven estaba devastado.

Solo quería construir una iglesia. Solo quería hacer algo bueno. Solo quería honrar a Dios. ¿Por qué no le permitió Dios hacer ese trabajo?

Yo lo había intentado...

Había hecho preparativos...

Pero Dios...

¿Qué hace usted con los momentos «pero Dios» de su vida? Cuando Dios interrumpe sus planes buenos, ¿cómo responde?

El hombre que perdió a su mujer no ha respondido bien. Al momento de este escrito se encontraba sobreviviendo al odio y a la amargura. La joven pareja lo estaba sobrellevando mejor. Están activos en la iglesia y orando por un hijo. ¿Y Wilhem? Bueno, es una historia. Pero antes de compartirla, ¿y David? Cuando Dios cambió sus planes, ¿cómo los remplazó? (a usted le gustará esto).

Al «pero Dios» le siguió un «sin embargo, Dios».

Sin embargo, el Señor, Dios de Israel, me escogió de entre mi familia para ponerme por rey de Israel para siempre. En efecto, él escogió a Judá como la tribu gobernante; de esta tribu escogió a mi familia, y de entre mis hermanos me escogió a mí, para ponerme por rey de Israel. (1 Crónicas 28:4)

Reduzca el párrafo a una frase, y se lee: ¿Quién soy yo para quejarme? David había pasado de renacuajo a realeza;

de arrear ovejas a liderar ejércitos; de dormir en el pasto a vivir en un palacio. Cuando a usted le dan un helado de frutas, no se queja porque le falta una cereza.

> David se enfrentó al gigante de la decepción con el «sin embargo, Dios». David confió.

David se enfrentó al gigante de la decepción con el «sin embargo, Dios». David confió. Lo mismo hizo Wilhem. No al principio, imagínese. Inicialmente estaba dolido y con ira. Estuvo unas semanas en una pequeña ciudad, sin saber qué hacer. Pero luego, ocurrió lo más extraño. Un atardecer, notó a un viejo minero torcido bajo el enorme peso del carbón que acarreaba. Impresionado por la pena, Wilhem tomó de su bolsillo un trozo de papel y comenzó a bosquejar la cansada figura. Su primer intento fue tosco, pero después probó de nuevo. No lo sabía, la ciudad no lo sabía, el mundo no lo sabía, pero Wilhem, en ese preciso momento, descubrió su verdadero llamado.

No a la ropa de clérigo, pero sí a la camisa de un artista.

No al púlpito de un pastor, pero sí a la paleta de un pintor.

No al ministerio de las palabras, pero sí al de las imágenes. El hombre joven, el líder, no rehusó convertirse en el artista que el mundo no pudo resistir: Vincent Wilhelm Van Gogh.[1]

Su «pero Dios» se convirtió en un «sin embargo, Dios».

¿Quién puede decir que el suyo no se convertirá en lo mismo?

19

¡DERRIBE A GOLIAT!

Él COMPITE por una posición al lado de su cama, esperando ser la primera voz que escuche al abrir los ojos.
Codicia sus pensamientos al despertar, esas emociones
tempranas que nacieron en la almohada. Lo despierta con
palabras que lo preocupan y pensamientos que lo agobian.
Si usted le teme al día antes de comenzarlo, tornándolo
desesperanzador, su gigante está junto a su cama.

Y solo está entrando en calor. Le respira en su cuello
mientras come o desayuna, susurra a su oído mientras camina, sigue de cerca sus pasos y se pega a su cadera. Chequea
su itinerario, lee sus cartas y dice más palabrotas que los
jugadores en la liga de básquetbol de la ciudad.

«No tienes lo que hace falta».

«Vienes de una larga lista de perdedores».

«Abandona las cartas y deja la mesa. Te dieron una mala
mano».

Ese es su gigante, su goliat. Si le da la mitad de las posibilidades, convertirá su día en su valle de Elá, burlándose,

tomándole el pelo, jactándose y reclamando desde una ladera a otra. ¿Recuerda cómo se comportaba Goliat, lo rudo que era? «El filisteo salía mañana y tarde a desafiar a los israelitas, y así lo estuvo haciendo durante cuarenta días» (1 Samuel 17:16).

Los goliat todavía recorren nuestro mundo. Deuda. Desastre. Peligro. Engaño. Enfermedad. Depresión. Las amenazas tamaño gigante todavía se muestran insolentemente, pavoneándose, y le roban el sueño, además de apropiarse de la paz y de succionar la alegría. Pero no pueden dominarlo. Usted sabe cómo tratar con ellos. Se enfrenta a los gigantes encarando primero a Dios.

Si se centra en los gigantes, tropieza usted.
Si se enfoca en Dios, caen sus gigantes.

Sepa lo que David supo y haga lo que David hizo. Alce cinco piedras y tome cinco decisiones. ¿Todavía se pregunta por qué David tomó cinco piedras para la batalla? ¿Por qué no dos o veinte? Releyendo su historia se revelan cinco respuestas. Utilice sus cinco dedos para que le recuerden las cinco piedras que necesita para prevalecer sobre su goliat. Permita que su dedo pulgar le recuerde:

1. La piedra del pasado

Goliat le refrescó la memoria a David. Elá fue un *déjà vu*. Mientras todos los demás temblaban, David recordaba. Dios le dio las fuerzas para luchar contra un león y los brazos para hacerlo contra un oso, ¿no haría lo mismo con el gigante?

David le dijo a Saúl: «A mí me toca cuidar el rebaño de mi padre. Cuando un león o un oso viene y se lleva una oveja del rebaño, yo lo persigo y lo golpeo hasta que suelta la presa. Y si el animal me ataca, lo sigo golpeando hasta matarlo. Si este siervo de Su Majestad ha matado leones y osos, lo mismo puede hacer con ese filisteo pagano, porque está desafiando al ejército del Dios viviente». (17:34-36)

La buena memoria hace a los héroes. La mala, a los cobardes. La amnesia hizo que la última semana me acobardara. Mi goliat me despertó a las cuatro de la madrugada con una lista de preocupaciones. Nuestra iglesia intentaba recaudar dinero para la construcción de un edificio para los jóvenes, más que el que había podido juntar en otro intento anterior.

El gigante me despertó con la siguiente ridiculez: *Ustedes están locos. Nunca llegarán a recolectar esa cantidad de dinero.* No pude argumentar nada. *La economía está en decadencia. La gente se encuentra estresada. Nosotros no podríamos recolectar suficiente dinero siquiera para comprar un ladrillo.* Goliat hizo que corriera entre los árboles.

> Escriba las preocupaciones en la arena. Talle las victorias de ayer en piedra.

Pero entonces recordé a David, nueve a uno de probabilidades, la historia del león y del oso. Y decidí hacer lo que David hizo: fijarme en las victorias de Dios. Salté de la cama, caminé por la sala, prendí la lámpara, tomé el periódico y comencé a hacer una lista de conquistas del tamaño de un oso y de un león.

En los cinco años anteriores, Dios había hecho que se produjera que:

- un hombre de negocios donara varias hectáreas de tierra a la iglesia;
- otra iglesia comprara nuestro viejo edificio;
- los miembros donaran por encima de las necesidades, permitiendo a la iglesia liberarse de deudas en un ochenta por ciento.

Dios ha hecho esto antes, susurré. La cabeza de un león está colgada en el vestíbulo de la iglesia y una alfombra de piel de oso descansa en el piso del santuario. En ese momento escuché un ruido sordo. ¡Justo ahí en la sala! Di una vuelta a tiempo y pude observar los ojos de Goliat enfadado, las rodillas torcerse y su cuerpo caer de cara sobre la alfombra. Me paré, le puse un pie sobre su espalda y con una risita burlona le dije: *Toma esto, grandulón.*[1]

> La paz se les promete a aquellos cuyos pensamientos y deseos están fijos en el Rey.

«¡Recuerden las maravillas que ha realizado!» (1 Crónicas 16:12).

Haga un listado de los triunfos de Dios. Guarde una lista de sus récords mundiales. ¿No lo ha hecho caminar por alta mar? ¿Probar su fe? ¿No ha conocido su provisión? ¿Cuántas noches se ha ido a dormir hambriento? ¿Cuántas veces se ha despertado por las mañanas sintiéndose abandonado? Él hizo de sus enemigos una derrota que no vale la pena considerar. Escriba las preocupaciones en la arena. Talle las victorias de ayer en piedra. Tome la piedra del pasado. Y luego seleccione...

2. La piedra de la oración

Fíjese en el valle que hay entre el dedo pulgar y el índice. Para pasar de uno al otro, debe atravesarlo. Permítame recordarle el descenso de David. Antes de ascender, fue hacia abajo; antes de ascender a la pelea, descendió a la preparación. No se enfrente a su gigante sin hacer lo mismo. Dedíquele tiempo a orar. Pablo, el apóstol, escribió: «Oren en el Espíritu en todo momento, con peticiones y ruegos. Manténganse alerta y perseveren en oración por todos los santos» (Efesios 6:18).

Orar engendra el triunfo de David. Su sabiduría en el arroyo de Besor le quedó pequeña cuando «cobró ánimo y puso su confianza en el Señor su Dios» (1 Samuel 30:6). Cuando los soldados de Saúl trataron de capturarlo, David se dirigió a Dios: «Pero yo le cantaré a tu poder, y por la mañana alabaré tu amor; porque tú eres mi protector, mi refugio en momentos de angustia» (Salmos 59:16).

¿Cómo sobrevive usted a una vida de fugitivo en las cuevas? David lo hizo con oraciones y ruegos como este: «Ten compasión de mí, oh Dios; ten compasión de mí, que en ti confío. A la sombra de tus alas me refugiaré, hasta que haya pasado el peligro. Clamo al Dios Altísimo, al Dios que me brinda su apoyo» (Salmos 57:1-2).

Cuando David tiene su mente imbuida en Dios, entonces sigue en pie. Cuando no lo hace, fracasa. ¿Cree que pasó mucho tiempo orando la tarde que sedujo a Betsabé? ¿Que escribió un salmo el día que mató a Urías? Lo dudo.

> Vea su lucha como un lienzo de protección divina. Dios pintará sobre él su supremacía multicolor.

Anote bien esta promesa: «Al de carácter firme lo guardarás en perfecta paz, porque en ti confía» (Isaías 26:3). Dios promete no solo paz, sino una paz perfecta. No diluida. Sin manchas. Sin obstrucciones. ¿A quién? A todos aquellos que tengan sus mentes fijas en Él. Olvídese de las miradas ocasionales. Descarte las ponderaciones fortuitas. La paz se les promete a aquellos cuyos pensamientos y deseos están fijos en el Rey.

Pida la ayuda de Dios, tome la piedra de la oración y no abandone...

3. LA PIEDRA DE LA PRIORIDAD

Deje que su dedo más grande le recuerde la primera prioridad: la reputación de Dios. David la preservó celosamente. Nadie difamaría a su Señor. David combatió, por ese motivo «todo el mundo sabrá que hay un Dios en Israel. Todos los que están aquí reconocerán que el Señor salva sin necesidad de espada ni de lanza. La batalla es del Señor» (1 Samuel 17:46-47).

¡David vio en Goliat una oportunidad para que Dios se manifestara! ¿Supo David que saldría de la batalla vivo? No. Pero estaba deseoso de dar su vida por la reputación de Dios.

¿Y si usted viera a su gigante del mismo modo? En lugar de lamentarse, bríndele la bienvenida. Su cáncer es la oportunidad de Dios para flexionar sus músculos terapéuticos. Su pecado es la oportunidad de Dios para exhibir su gracia. Su dificultoso matrimonio puede ser una muestra del poder de Dios. Vea su lucha como un lienzo de protección divina. Dios pintará sobre él su supremacía multicolor. Anuncie el nombre de Dios y luego vaya por...

4. LA PIEDRA DE LA PASIÓN

«En cuanto el filisteo avanzó para acercarse a David y enfrentarse con él, también este corrió rápidamente hacia la línea de batalla para hacerle frente. Metiendo la mano en su bolsa sacó una piedra, y con la honda se la lanzó al filisteo, hiriéndole en la frente. Con la piedra incrustada entre ceja y ceja, el filisteo cayó de bruces al suelo». (17:48-49)

David corrió no para escaparse, sino hacia su gigante. A un costado del campo de batalla, Saúl y su cobarde ejército tragaron saliva. Al otro, Goliat y sus partidores de cráneos, se burlaban. En el medio, el muchacho pastor sobre sus largas y delgadas piernas corre. ¿Quién le apuesta a David? ¿Quién pone dinero en el hijo de Belén? No los filisteos. No los hebreos. No los hermanos de David. No el rey de David. Pero sí Dios.

Y puesto que Dios sí lo hace, y puesto que David sabe eso de Dios, el flaco renacuajo se convierte en una imagen borrosa de rodillas movedizas y una honda arremolinada. Y corre hacia su gigante.

> David le hizo una lobotomía al gigante porque destacó al Señor.

¡Haga lo mismo! ¿Qué bien hace considerar el problema? Ha estado fijándose en él tanto tiempo como el que se necesita para contar los vellos del pecho de Goliat. ¿Y eso le ha ayudado?

No. Hacer una lista de sus heridas no es condición para curarlas. Detallar los problemas, no los resolverá. Clasificar los rechazos, no los quitará. David le hizo una lobotomía al gigante porque destacó al Señor. Quedan una piedra y un dedo más...

5. LA PIEDRA DE LA PERSISTENCIA

David no pensó que una piedra lo haría. Él sabía que Goliat tenía cuatro enormes y poderosos hermanos: «Un gigante llamado Isbibenob, que iba armado con una espada nueva y una lanza de bronce que pesaba más de tres kilos» (2 Samuel 21:16). Saf hizo la lista, descrita simplemente como «el gigante» (21:18). Entonces estuvo «el hermano de Goliat de Gat, cuya lanza tenía una asta tan grande como el rodillo de un telar» (21:19). Esos tres parecen inofensivos comparados con King Kong.

«Hubo una batalla más en Gat. Allí había otro gigante, un hombre altísimo que tenía veinticuatro dedos, seis en cada mano y seis en cada pie. Este se puso a desafiar a los israelitas, pero Jonatán hijo de Simá, que era hermano de David, lo mató. Esos cuatro gigantes, que eran descendientes de Rafá el guitita, cayeron a manos de David y de sus oficiales». (vv. 20-22)

¿Por qué extrajo David un quinteto de piedras? ¿Pudo haber sido porque Goliat tenía cuatro hermanos del tamaño del *Tyranosaurus rex*? Todo lo que sabía David era que ellos habían venido corriendo por las colinas a defender a su hermano. Por eso estaba listo para vaciar la recámara de su arma si era necesario.

Imítelo. No se rinda nunca. Una oración puede no ser suficiente. Una disculpa tampoco podría serlo. Un día o un mes de determinación podría no bastar. Tal vez lo derriben una vez o dos... pero no se vaya. Manténgase cargando las piedras. Manténgase balanceando la honda.

> No se rinda nunca.

David agarró cinco piedras. Tomó cinco decisiones. Haga lo mismo. Pasado, oración, prioridad, pasión y persistencia.

La próxima vez que Goliat lo despierte, agarre una piedra. Lo más probable es que salga del dormitorio antes de que pueda cargar su honda.

EPÍLOGO

LO QUE COMENZÓ EN BELÉN

S U HISTORIA COMENZÓ entre las pasturas de las ovejas. Las cabezas lanudas fueron testigo de sus tempranos días. Los campos apacibles les dieron la bienvenida a sus ojos aniñados. Y antes de que la gente le prestara atención a su mensaje, las ovejas se volvieron a su grito.

Póngase en la fila de los billones de criaturas que han escuchado su voz y arañaron el pasto pidiendo un lugar al frente.

Su historia comienza en las pasturas.

Unas pasturas de Belén. Una pequeña aldea, durmiendo en las leves colinas. El hogar de los pastores. Tierra de higos, olivos y vinos. No exuberante, pero suficiente. No era conocido por el mundo, pero sí por Dios, que por esa razón eligió Belén como la incubadora de su niño elegido.

Elegido, efectivamente. Elegido por Dios. Designado desde lo alto, diferenciado por el paraíso. El profeta manifestó el llamado. La familia lo escuchó. El muchacho de las ovejas sería pastor de las almas. El hijo de Belén sería el rey de Israel.

Pero no antes de que se volviera el blanco del infierno.

El camino fuera de Belén era empinado y peligroso. Lo conducía a través de un desierto salpicado de lagartos, una Jerusalén enojada, conflictiva y peligrosa. Los líderes habían resuelto matarlo. Su gente lo buscaba para apedrearlo. Su propia familia optó por mofarse de él.

Algunas personas lo alzaron como a un rey, otras no lo aceptaron. Las puertas de Jerusalén lo vieron entrar como soberano y partir como fugitivo. Finalmente, tuvo una muerte solitaria en la capital hebrea.

Pero está lejos de morir.

Sus palabras todavía hablan. Su legado todavía vive. Amado u odiado, la sociedad se mantiene recurriendo a él, leyendo sus pensamientos, ponderando sus hazañas, imaginando su rostro. Las Escrituras nos ofrecen solo escasas frases sobre su fisonomía, los escultores y artistas han llenado las galerías de arte con sus especulaciones. Miguel Ángel, Rembrandt, Da Vinci. Lienzo, piedra, pintura, escultura.

Y libros. ¡Libros! Han sido consagradas más páginas al prodigio de Belén que a cualquier otra figura de la historia. No podemos dejar de hablar de él. La arena ha llenado sus huellas judías miles de veces en miles de años, pero todavía nos reunimos a reflexionar sobre su vida.

Usted sabe a quién estoy describiendo.

Lo sabe, ¿no es cierto? La pastura. El señalado. El llamado en su niñez. Los enemigos a lo largo de su vida. Desierto. Jerusalén. Judea. La muerte solitaria. El legado sin fin. ¿Quién es el chico de Belén?

David, por supuesto.

O Jesús, quizá.

O... ¿ambos?

Haga una lista de una docena de hechos, y en cada uno describa rasgos mellizos de David y Jesús. Asombroso. Más aún es el que podamos hacer lo mismo con su vida. Lea estas verdades y dígame, ¿a quién estoy describiendo? ¿A Jesús... o a usted?

Nacido de una madre.

Con dolores físicos.

Le divierte una buena reunión.

Rechazado por los amigos.

Injustamente acusado.

Historias de amor.

Reticente a pagar impuestos.

Canta.

Disgustado por la codiciosa religión.

Siente pena por los solitarios.

Despreciado por sus hermanos.

Respaldado por los desamparados.

Despierta por las noches a causa de las preocupaciones.

Conocido por adormilarse en la mitad de los viajes.

Acusado de ser demasiado pendenciero.

Temeroso de la muerte.

¿Usted?

¿Jesús?

¿Ambos?

Parece que usted, como David, tiene mucho en común con Jesús.

¿Un gran asunto? Yo creo que sí. Jesús lo entiende. Él entiende el anonimato de un pequeño pueblo y la presión de la gran ciudad. Ha caminado las pasturas y los palacios de los reyes. Se ha enfrentado al hambre, a la pena y a la muerte y quiere enfrentarse a ellas con usted. «Porque no tenemos un sumo sacerdote incapaz de compadecerse de nuestras debilidades, sino uno que ha sido tentado en todo de la misma manera que nosotros, aunque sin pecado. Así que acerquémonos confiadamente al trono de la gracia para recibir misericordia y hallar la gracia que nos ayude en el momento que más la necesitemos» (Hebreos 4:15-16).

> Cristo se hizo uno de nosotros, para redimirnos a todos.

Él se hizo uno de nosotros. E hizo eso para redimirnos a todos.

Las historias de David y Jesús comparten muchos nombres: Belén, Judea, Jerusalén. El Monte de los Olivos. El Mar Muerto. Engadi. Pero aun cuando son similares, no piense ni por un segundo que son idénticas.

Jesús no sufrió el colapso de Betsabé, el asesinato de Urías ni un adulterio encubierto. Jesús nunca saqueó una ciudad, acampó con el enemigo ni abandonó a un niño. Nadie acusó al más justo de los hijos de Belén de poligamia, brutalidad o adulterio. De hecho, nadie acusó con éxito a Jesús de nada.

Trataron. Y en qué forma. Pero cuando los acusadores lo llamaron hijo de Satanás, Jesús pidió pruebas. «¿Quién de ustedes me puede probar que soy culpable de pecado? Si digo la verdad, ¿por qué no me creen?» (Juan 8:46). Nadie pudo. Los discípulos viajaron con Él. Los enemigos lo escudriñaron. Los admiradores lo estudiaron. Pero nadie pudo culparlo de pecado.

Nadie lo vio en el lugar equivocado ni diciendo las palabras erradas, ni lo vieron respondiendo de forma errónea. Pedro, el compañero de Jesús durante tres años, dijo: «El que no cometió ningún pecado ni hubo engaño alguno en sus labios» (1 Pedro 2:22). Pilatos era la cabeza de la versión romana de la CIA [Agencia Central de Inteligencia, por sus siglas en inglés], aun cuando trató de encontrar faltas en Jesús, falló (Juan 18:38). Y aun el demonio llamó a Jesús: «¡El Santo de Dios!» (Lucas 4:34).

Jesús nunca se equivocó.

Igualmente sorprendente es que nunca se distancia de los que lo hacen.

Solo lea el primer versículo del Evangelio de Mateo. Jesús conocía los caminos de David. Fue testigo del adulterio, sintió dolor por los asesinatos y se afligió por la deshonestidad. Pero las fallas de David no cambiaron la relación de Jesús con él. El versículo inicial del primer capítulo del primer evangelio llama a Cristo «el hijo de David» (Mateo 1:1). El título no contiene renuncias, explicaciones ni asteriscos. Yo hubiera agregado una nota al pie: «Esta conexión de ninguna manera ofrece una aprobación tácita al comportamiento de David». Ese tipo de palabras no aparecen. David se alivia. Jesús lo supo. Pero de todas maneras lo proclama.

Él hizo por David lo que mi padre hizo por mi hermano y por mí.

Volviendo a nuestros días de la escuela primaria, mi hermano recibió una escopeta de aire comprimido por

Navidad. Inmediatamente, en el patio trasero de nuestra casa, nos pasamos la tarde disparando a un blanco de arquería. Como comenzábamos a cansarnos por la facilidad de hacer centro en el círculo, mi hermano me mandó a buscar un espejo de mano. Colocó la escopeta sobre su hombro, puso el centro del blanco mirando a través del espejo e hizo su mejor imitación de Búfalo Bill. Pero no dio en el blanco. Y tampoco tuvo en cuenta la bodega que se hallaba detrás del blanco, ni la cerca detrás de la bodega. No teníamos idea de hacia dónde había volado el perdigón. Sin embargo, nuestro vecino del otro lado del callejón sí supo. Inmediatamente apareció por detrás de la cerca preguntando quién había disparado y quién iba a pagar por el vidrio de su puerta corrediza.

En ese momento desconocí a mi hermano. Cambié mi apellido y dije que era un visitante de Canadá. Pero mi padre tuvo una actitud más noble que la mía. Cuando escuchó el ruido, apareció en el patio trasero, recién levantado de su siesta, y habló con el vecino.

Entre sus palabras pude escuchar las siguientes:

«Sí, ellos son mis hijos. Yo pagaré por el error».

Cristo dice lo mismo sobre usted. Sabe que yerra al blanco. Sabe que no puede pagar por sus errores. Pero Él puede. «Dios lo ofreció como un sacrificio de expiación que se recibe por la fe en su sangre, para así demostrar su justicia» (Romanos 3:25).

Puesto que fue libre de pecados, Él pudo hacer eso.

Puesto que lo ama, pudo hacerlo. «En esto consiste el amor: no en que nosotros hayamos amado a Dios, sino en que Él nos amó y envió a su Hijo para que fuera ofrecido como sacrificio por el perdón de nuestros pecados» (1 Juan 4:10).

Comenzó siendo uno de nosotros para redimirnos. «Tanto el que santifica como los que son santificados tienen un mismo origen, por lo cual Jesús no se avergüenza de llamarlos hermanos» (Hebreos 2:11).

No se avergonzó de David. No se avergüenza de usted. Él lo llama a usted hermano, la llama a usted hermana. La pregunta es: ¿Lo llama usted a Él Salvador?

Tómese un momento y responda esta pregunta. Quizá nunca lo haya hecho. Quizá nunca supo cuánto le ama Cristo. Ahora lo sabe. Jesús no desconoció a David. Tampoco lo desconocerá a usted. Simplemente aguarda su invitación. Una palabra de su parte y Dios hará otra vez lo que hizo con David y millones como él: pedirá por usted, lo redimirá y utilizará. Cualquier palabra lo hará. Pero estas parecen apropiadas.

Jesús, mi Salvador y quien mata a los gigantes, te pido misericordia, fuerza y la vida eterna. Confío en ti con mi corazón y te ofrezco mi vida. Amén.

Pronuncie este tipo de palabras con un corazón sincero y asegúrese de esto: derrotará a su goliat más importante. Sus fracasos serán parte del pasado y derrotará la muerte. El poder que fue capaz de hacer pigmeos a los gigantes de David, hará lo mismo con los suyos.

Usted puede enfrentar a sus gigantes. ¿Por qué? Porque primero se enfrentó con Dios.

> Jesús lo llama a usted hermano, la llama a usted hermana. La pregunta es: ¿Lo llama usted Él Salvador?

ENFRENTE A SUS GIGANTES

GUÍA DE ESTUDIO

MAX LUCADO

TABLA DE CONTENIDO

INTRODUCCIÓN

¿CUÁNDO FUE la última vez que enfrentó «gigantes» en su vida? ¿Cuánto tiempo hace que se le presentó un desafío? Cuando tal cosa ocurre, nuestra tendencia es retroceder, escondernos debajo de un escritorio o meternos en un club nocturno o en la cama de un amor prohibido. Por un momento, un día o un año, nos sentimos seguros, aislados, anestesiados, pero luego se acaba el trabajo, el licor desaparece o el amante se va, y volvemos a escuchar a Goliat. Atronador. Grandilocuente. Terrible.

Este es un estudio sobre el rey David, un héroe inimaginable cuya vida se consumió con un Dios asombroso. La historia abarca una vida de victorias increíbles y no pocos episodios de tragedia personal. En la *Guía de estudio Enfrente a sus gigantes*, descubrirá lo que David sabía: que Dios es más grande que cualquier gigante que pueda enfrentar en su vida. Si se concentra en sus gigantes, tropezará. Si se concentra en Dios, sus gigantes caerán por tierra. El Dios que hizo de David un milagro está listo para hacerlo también con usted.

A medida que vaya avanzando en este estudio, verá cómo la devoción de Dios y su provisión lo irán desafiando. Aprenderá a enfrentar y a vencer a sus gigantes con la confianza puesta en la capacidad de Dios. Le sugiero que use un cuaderno en el que vaya anotando algunas de las indicaciones que irá encontrando y que a fin de cuentas le serán de ayuda.

Cada lección en esta guía de estudio presenta las siguientes secciones:

ENFOQUE ESCRITURAL: Este es el pasaje principal de la Escritura para cada lección. Para aprovechar al máximo la lección, lea el pasaje en su totalidad.

OBJETIVO DE LA LECCIÓN: El objetivo de la lección le ayudará a saber qué buscar en cada lección.

REPASAR: En esta sección, verá el contexto bíblico para el pasaje que se está estudiando.

REPENSAR: Basándose en los principios fundamentales de la Escritura que se está estudiando, se le desafiará a reconsiderar cualquier pensamiento o actitud que pueda ser incongruente con la Biblia.

REFLEXIONAR: ¿Qué sucedería si aplicara estos principios en su vida diaria? ¿Cambiaría su vida? Y si la cambia, ¿cómo sería eso?

REACCIONAR: ¿Y ahora qué? Según lo que aprendió en esta lección, ¿qué cambiará en su vida?

Al final de este libro también hay Guías para líderes de grupos pequeños que contienen información adicional y preguntas de discusión que pueden guiarle en cuanto a dirigir un grupo pequeño. Estas guías ayudan a que las sesiones grupales sean fáciles, efectivas y entretenidas.

Gigantes. Debemos enfrentarlos. Sin embargo, no necesitamos enfrentarlos solos. Aprenda a enfocarse primero, y sobre todo, en Dios.

Vamos a empezar.

1

ENFRENTE A SUS GIGANTES

Enfoque escritural: 1 Samuel 17:1-11

OBJETIVO DE LA LECCIÓN: Descubrir la manera en que los problemas afectan nuestras vidas y cómo comprometernos a confiar en Dios los puede vencer.

> Con el valle de por medio, los filisteos y los israelitas tomaron posiciones en montes opuestos. (1 Samuel 17:3)

REPASAR: No había nada en la situación que hubiera podido dar origen a una buena historia. David, el pastorcillo, se ofrecía para enfrentarse cara a cara con el gigante Goliat. Era como uno de esos juegos de béisbol de pretemporada en el que se enfrentan los jugadores universitarios contra los principales jugadores de las Grandes Ligas. Por lo general, el resultado es predecible; lo único que no se puede predecir es lo malo que será el juego.

La preparación de David pasa por ir al arroyo para recoger algunas piedras; sin duda, una buena idea si se trata de proteger a sus ovejas de los depredadores; ¡una muy mala idea si se va a enfrentar a un gigante! Pero el tamaño de las piedras no tuvo nada que ver con el éxito de David contra Goliat. La verdadera fortaleza de David vino de su relación con Dios. Dios lo sabía. David lo sabía. Goliat y los filisteos no confiaban en Dios; por el contrario, se burlaban de Él. En este punto radica la verdadera historia. La batalla no es entre un niño y un gigante, sino un enfoque en Dios versus un enfoque en sí mismo. Goliat pensaba que nadie podría vencerlo. Y, al menos desde la perspectiva del mundo, tenía razón.

REPENSAR: Su goliat viene en diferentes formas y tamaños. Para el observador despreocupado, nadie le puede ganar. Su gigante se burla de usted públicamente y lo deja recoger las piedras. Aunque la situación parece desesperada, usted tiene un arma secreta. El gigante es demasiado grande y usted es demasiado débil, es cierto; pero su arma secreta es un poder que los observadores negligentes no entienden.

¿En qué áreas de su vida lo fastidian más los «gigantes»?

- Desempleo
- Abandono
- Abuso sexual

- Depresión
- Finanzas
- Moralidad
- Educación
- Otra

La sola mención de su gigante tiene un efecto emocional en usted. Su gigante le provoca ansiedad, vergüenza, confusión o enojo. Puede que no esté en el valle de Elá, pero se le presenta en los momentos más inoportunos. En los días de David, el foco había estado siempre en el gigante; pero la estrategia de David fue diferente.

Piense en los gigantes que más le preocupan.

¿Cómo comienza el día promedio para usted?

Pienso en los gigantes <—————————> Pienso en Dios

Esta no era la primera vez que los israelitas habían sido hostigados por los filisteos.

La historia les había enseñado que los filisteos los vencerían, de modo que era inútil enfrentarlos. Es posible que sufra con el mismo problema: no es la primera persona de su familia que se enfrenta a este enemigo y la historia no le da muchas esperanzas de que saldrá vencedor.

David sabía que Israel seguiría obteniendo lo que había venido obteniendo si seguía haciendo lo que venía haciendo. La nación estaba paralizada porque su atención se centraba en el enemigo. David recibió poder porque se negó a inclinar la cabeza ante el enemigo; su enfoque estaba en Dios.

Sin duda que usted ha estado en su propio éxodo y ha experimentado el poder de Dios de primera mano. Enumere algunos ejemplos personales de la obra milagrosa de Dios en su vida.

Según su experiencia pasada con Dios, ¿cuál de las siguientes afirmaciones es verdadera?

- No tengo ninguna razón para confiar en Dios.
- Tengo muchas razones para confiar en Dios.

REFLEXIONAR: Lea 1 Samuel 17:1–11. Saúl y los israelitas parecían estar listos para luchar contra los filisteos (v. 2), pero tenían miedo (v. 11).

¿Ha estado alguna vez en una situación similar al enfrentarse a uno de sus gigantes? Si su respuesta es sí, ¿cómo afectó su miedo a su determinación?

Solo había una opción viable: los israelitas tenían que confiar en Dios para ganar la batalla. La simple fe de un chico pastor nos enseña una valiosa lección espiritual:

Si se concentra en los gigantes: perderá. Si se concentra en Dios: sus gigantes caerán.

Levanta los ojos, asesino gigante. El Dios que hizo un milagro de David está listo para hacer uno de ti.

REACCIONAR: Tiene que decidirse: o lucha contra sus gigantes con su propio poder, trata de huir de sus gigantes y permite que ellos lo paralicen o entrega sus gigantes a Dios y deja que Él los venza. ¿Qué va a hacer?

«[Entonces David] metiendo la mano en su bolsa sacó una piedra, y con la honda se la lanzó al filisteo, hiriéndolo en la frente. Con la piedra incrustada entre ceja y ceja, el filisteo cayó de bruces al suelo» (1 Samuel 17.49).

¿Recuerda esas piedrecillas que David recogió en la orilla del arroyo? Por lo general, no eran capaces de matar gigantes. Pero Dios tomó a un niño común con recursos comunes y logró una hazaña absolutamente fuera de lo común. ¿Cómo le está yendo a usted? ¿Qué gigante se está riendo de usted desde lo alto de su montaña?

¿Qué impide que Dios acabe con los gigantes en su vida?

2

LLAMADAS SILENCIOSAS

Enfoque escritural: 1 Samuel 16:1-13

OBJETIVO DE LA LECCIÓN: Descubrir las cualidades que llevaron a David a ser rey y comprometernos a desarrollar esas cualidades en nuestras propias vidas.

Samuel tomó el cuerno de aceite y ungió al joven en presencia de sus hermanos. Entonces el Espíritu del Señor vino con poder sobre David, y desde ese día estuvo con él. Luego Samuel regresó a Ramá. (1 Samuel 16:13)

REPASAR: En el año 1000 antes de Cristo, ser rey era algo muy importante. La mayoría de las naciones que rodeaban a Israel tenían uno, por lo que Israel quiso también tener uno. ¡Un rey fuerte! Aunque Saúl fue referido como monarca, en realidad nunca lo nombraron rey. Era el nagid o líder militar; Israel realmente no tenía un melek o rey.

El *nagid* era seleccionado para fines militares; ser un *melek* requería tener personalidad. Si bien Saúl estaba actuando como rey, carecía de personalidad real. Por eso, Dios lo impugnó instruyendo a Samuel para que visitara a Isaí en Belén, porque uno de sus ocho hijos sí que tenía personalidad real.

Samuel llega a donde Isaí y le pide ver a sus hijos. Según los estándares del mundo, los primeros siete hermanos tenían personalidad para ser rey, pero Dios le dijo a Samuel: «Ninguno de ellos». Siete hijos pasaron, pero ninguno calificaba para rey. Samuel debe haberse estado preguntando cuál era el problema. Entonces, Isaí mandó a traer a su hijo menor, David. Hasta ese momento, Isaí no había visto la necesidad de distraer a David de sus tareas de pastoreo. Después de todo, el muchacho no era más que un pastorcillo.

¿Cuándo ha hecho Dios algo que lo haya sorprendido?

¿No es curioso cómo Dios elige a menudo a la persona menos probable para cumplir sus tareas? Dios rechazó el carisma, la buena apariencia, la estatura física y seleccionó al joven David para dirigir a Israel. ¡Las personas menos probables a menudo tienen un gran impacto para Dios!

REPENSAR: Cuando Dios lo mira a usted, ve más allá de las cosas que el mundo ve.

Considere la lista a continuación, encuentre las características que cree que son importantes para Dios.

- Apariencia
- Fidelidad
- Riqueza
- Inteligencia
- Vestimenta

- Honestidad
- Posesiones
- Carácter
- Religión
- Popularidad

- Integridad
- Educación
- Personalidad
- Temor de Dios
- Humildad

Los otros hijos de Isaí no eran necesariamente malos; simplemente no tenían lo que Dios estaba buscando en un rey. Si Samuel hubiese seleccionado al rey sin escuchar la confirmación de Dios, habría elegido al hijo equivocado. Pero obtuvo la confirmación que buscaba cuando apareció el menos probable de los hermanos.

¿Por qué Dios usa a menudo a la persona más improbable para lograr grandes cosas para él?

¿Qué fue lo que hizo que Dios seleccionara a David? Cuando usted pasa mucho tiempo cuidando ovejas, probablemente hable mucho con Dios. La experiencia pastoril de David sin duda que le enseñó que tenía que depender de Dios. No tenía otra opción.

REFLEXIONAR: Es posible que haya aprendido mucho sobre Dios a través de tiempos difíciles en su propia vida.

Piense en uno de esos momentos y enumere una o dos cosas que aprendió sobre Dios a través de esa experiencia.

Lea 1 Samuel 16:1–13. La situación en Israel era inusual. Saúl seguía vivo, pero ineficaz. Israel estaba siendo amenazado desde el exterior por los filisteos y desde adentro por la decadencia espiritual del pueblo. El problema requería una solución única. Las presiones del exterior y la decadencia interna requerían un líder que estuviera sintonizado con Dios.

Cuando las cosas se ponen difíciles en su vida, lo más probable es que...

- ¿se encargue usted mismo de todo?
- ¿entregue la situación a Dios?

¿Cómo cree que se sintieron los hermanos mayores de David cuando los pasaron por alto en favor de su hermano más joven?

¿Qué cualidades tenía David que lo convirtieron en una buena opción para ser rey?

¿Hasta qué punto tiene usted las cualidades enumeradas en la página anterior?

- ¡David y yo somos básicamente gemelos!
- David tiene algunas cosas que yo no tengo, pero nos parecemos.
- ¡David está muy por delante de mí!
- ¡Ese no soy yo!

El carácter de David lo calificó para ser usado por Dios. Según su carácter, ¿qué tan calificado está para ser usado por Dios?

- ¡Estoy listo!
- Tengo algunas cosas que hacer.
- ¡Ah, oh!

¿En qué áreas de la vida necesita desarrollar un carácter piadoso?

- El hogar.
- El trabajo.
- El colegio.
- Recreación / esparcimiento.
- Las relaciones.
- La vida en general.

REACCIONAR: Controle aquellas cosas en las que pone su corazón. Cualquier cosa, aparte de Dios, en la que ponga toda su atención puede convertirse fácilmente en un gigante en su vida. Si David hubiese dejado que su mente vagara sin ton ni son lejos de Dios, podría no haber estado preparado para el papel para el que Dios lo seleccionó. Al contrario, eligió ser fiel a Dios mientras era pastor y, en el proceso, se convirtió en rey.

Isaí mandó a buscarlo, y se lo trajeron. Era buen mozo, trigueño y de buena presencia. El SEÑOR le dijo a Samuel: Este es; levántate y úngelo (1 Samuel 16:12).

¿Para cumplir qué función podría Dios estar preparándolo? ¿Cómo podría desviar su atención, preocupándose de sus gigantes más que en el plan de Dios?

3

EL FURIOSO SAÚL

Enfoque escritural: 1 Samuel 18:1-16

OBJETIVO DE LA LECCIÓN: Descubrir cómo es fiel Dios con aquellos que confían en Él, le obedecen y se comprometen a vivir en obediencia a Él.

Saúl sabía que el SEÑOR lo había abandonado, y que ahora estaba con David. Por eso tuvo temor de David. (1 Samuel 18.12)

REPASAR: David hizo lo que nadie antes que él había intentado: enfrentó a Goliat, el filisteo. Confiando en Dios más que en su propia fuerza, derrotó y mató al gigante. La victoria de David dio a los israelitas un control total sobre los filisteos. Era lo que Goliat había prometido si lo derrotaban y moría (1 Samuel 17:9). Cuando los filisteos vieron que Goliat estaba muerto, comenzaron a correr. Durante años habían hostigado a los israelitas. ¡Para Israel, era el momento de la venganza!

Por un rato persiguieron a los filisteos, pero luego regresaron al campamento filisteo y lo saquearon como piratas que invaden un galeón. David se hizo de sus propios recuerdos: la cabeza y la armadura de Goliat (17:54). Mantuvo la armadura en su tienda y llevó la cabeza de Goliat a Jerusalén.

En este punto, a Saúl comienza a preocuparlo la fama de David y las consecuencias de su tremenda derrota a los filisteos. Los celos comienzan a borbotear muy dentro de él.

Póngase en el lugar de David. ¿Cómo han sido recibidos sus logros por los demás?

Póngase en el lugar de Saúl. ¿Lo han puesto celoso los éxitos de los demás?

La venganza de los israelitas había terminado, pero a Saúl le preocupaba cómo el pueblo lo compararía con David. ¿Recuerda cuando Dios quitó su espíritu de Saúl? Bueno, a partir de ese momento, Saúl y David no estaban en el mismo equipo espiritual. ¡Y no estar en el mismo equipo espiritual abre todo tipo de problemas interpersonales!

REPENSAR: Los «saúles furiosos» que moran en usted provienen de una variedad de fuentes. En la lista a continuación, encuentre todos los «saúles furiosos» con los que vive.

- Su cónyuge.
- Su vecino.
- Su familia extendida.
- Alguien en la iglesia.
- Un compañero de trabajo.
- Su exempleador.
- Su jefe.
- Su excónyuge.
- Un amigo.
- Otra persona.

Piense en los peligros que plantea una de las fuentes que identificó.

Saúl intentó matar a David seis veces y falló igual número de veces. David se desconcertaba más y más con cada intento. Porque todo lo que había hecho había sido matar a Goliat y eliminar la amenaza filistea a Israel. ¿No era eso lo que quería Saúl?

A pesar de las cosas buenas que hizo David, Saúl continuó acechándolo.

¿Por qué cree que Saúl trataba de matar a David?

Saúl permitió que los celos lo dominaran. Claro que quería que los filisteos se fueran, pero el crédito lo quería para él. Quería que la gente lo aplaudiera a él. Por eso, cuando David fue vitoreado por su conquista, Saúl no participó.

REFLEXIONAR: Usted podría ser un David. ¿Lo persigue alguien o algo de su pasado? La buena noticia es que no es la primera persona en enfrentar tal situación. La mejor noticia es que Dios tiene mucha experiencia en sostener a su pueblo durante sus tiempos difíciles. Dios le envió a David un Jonatán.

Usted puede tener un Jonatán o una María o un desconocido o algo más.

El hecho es que Dios no deja que su pueblo se ocupe solo de las luchas de la vida.

¿Cuándo ha enviado Dios a alguien o algo para alentarlo en una situación difícil?

Lea 1 Samuel 18:1-16. La relación entre David y Jonatán fue inusual. El enemigo de David, Saúl, era el padre de Jonatán. Jonatán decidió ser leal a David por sobre la lealtad a su familia. Eligió enfocarse en Dios más que en sí mismo.

David encontró trabajo en la corte de un lunático. ¡Seamos sinceros: hay personas que pueden identificarse con David en sus trabajos! David tenía algunas opciones:

1. Hablar mal de su «jefe» y de su compañía mientras aceptaba los beneficios de trabajar para ellos.
2. Rendir lo mínimamente necesario para recibir su cheque a fin de mes, tomarse más tiempo de lo establecido para el almuerzo; manipular las reglas y ocupar las horas de la compañía en proyectos personales.
3. Cumplir fielmente sus responsabilidades como si estuviera trabajando para Dios, no para el lunático.

Lea 1 Samuel 18:5.

¿Qué elección hizo David?

David hizo lo correcto, por lo que Dios lo bendijo y lo protegió. El mismo enfoque en Dios que le permitió derrotar a Goliat lo sostuvo a través de esta situación interpersonal y aparentemente injusta. Es evidente que Jonatán fue un gran estímulo para David. Todos necesitamos un Jonatán, ¿no?

¿Qué persona centrada en Dios ha traído Él a su vida para ayudarle a mantener su enfoque en Él?

¿De qué manera esa persona lo mantiene enfocado en Dios?

REACCIONAR: Centrarse en los «furiosos saúles» que viven en usted podría llevarlo a no ver el deseo de Dios para usted. Solo cuando David se centró en Dios fue capaz de sobrevivir a los repetidos ataques de Saúl. Sus saúles pueden seguir atacando, pero su enfoque en Dios lo fortalecerá. No hay nada en su camino que Dios no pueda superar... ¡si se enfoca en Él!

Piense en los «saúles furiosos» que marcó en esta lección.

¿Cómo puede concentrarse deliberadamente más en Dios y menos en las amenazas?

Memorice Mateo 28:20 como una ayuda para combatir sus momentos de duda.

Pasee libre y diariamente por la galería de la bondad de Dios. Identifique sus bondades. Todas. Desde las puestas de sol hasta la salvación. Piense en lo que tiene. ¡Su saúl consiguió mucho, pero Cristo le dio más! Deje que Jesús sea el amigo que necesita. Háblele. No escatime detalles. Revele sus miedos y describa sus terrores.

¿Desaparecerá su saúl? ¡Quién sabe! Y, en cierto sentido, ¿importa? Acaba de encontrar un amigo de por vida. ¿Qué podría ser mejor que eso?

4

DÍAS DESESPERADOS

Enfoque escritural: 1 Samuel 21:1-9

OBJETIVO DE LA LECCIÓN: Darnos cuenta de cómo nos sostiene Dios incluso cuando estamos desesperados y comprometernos a confiar en Dios durante los buenos y los malos momentos.

> Por tanto, el sacerdote le entregó a David el pan consagrado, ya que no había otro. Era el pan de la Presencia que había sido quitado de delante del SEÑOR y reemplazado por el pan caliente del día. (1 Samuel 21:6)

REPASAR: ¡David estaba huyendo! Los celos de Saúl se convirtieron en un complot de asesinato que hizo que Jonatán, el hijo del rey eligiera a David antes que a su padre. En su huida, David llegó a la ciudad de Nob, en las afueras de Jerusalén donde vivía un gran número de sacerdotes. Se habían mudado allí para escapar de la destrucción del santuario de Silo en el año 1000 a. C. No hace falta decir que David era un hombre desesperado que huía por su vida. El enemigo parecía grande y sus posibilidades de sobrevivir a la persecución de Saúl parecían escasas.

Aunque David era fugitivo, pocos lo sabían. A diferencia de hoy, las noticias en ese entonces viajaban de manera lenta. Ajimélec se encontró con David cuando este entraba en la ciudad y preguntó en voz alta por qué David viajaba solo. Recuerde... ¡La gente desesperada hace cosas desesperadas! David mintió. No fue una pequeña mentira piadosa. ¡Fue una mentira línea todas luces! Para aquellos de nosotros que pensábamos que David era más que humano, ¡ahora lo vemos de manera diferente!

Tal vez usted haya estado en una situación como la de David. Al ver que los muros se cerraban y la presión aumentaba, se estaba quedando sin opciones con el peligro de comprometer sus principios. Tal vez mintió, robó algo o tuvo que ver con una relación inapropiada. Lo que usted hizo revela un defecto de carácter. Todos los tenemos, pero eso no nos da licencia para hacer lo que queremos.

¿De qué manera se siente tentado a comprometer sus principios o convicciones cuando está bajo presión?

Póngase en el lugar de David. ¿En qué forma se ha sentido presionado para hacer algo incorrecto?

David racionalizó sus acciones para poder lograr sus objetivos. Nadie hace eso hoy, ¿o sí?

REPENSAR: Podemos estar de acuerdo en que la mayoría de nosotros hacemos cosas que sabemos que no deberíamos hacer. De hecho, no nos costaría mucho encontrar a alguien o algo a quien culpar de nuestras malas decisiones.

Cuando hace algo que sabe que no debería hacer, ¿a qué o a quién de la lista siguiente es probable que culpe?

- Al gobierno.
- A otras personas.
- A los hijos.
- Al jefe.
- A la presión financiera.
- A la presión social.
- Otra cosa.

¿Por qué culpamos a estas personas o situaciones?

REFLEXIONAR: Lea 1 Samuel 21:1-9. A pesar de la mentira de David, Dios le mostró misericordia y compasión. El sacerdote pensó que darle el pan sagrado a David era lo mejor que podía hacer, a pesar de que violaba la ley religiosa. Piense en una ocasión en que Dios fue misericordioso y generoso con usted a pesar de que sus acciones traicionaron su relación con Él.

═══

Repase el pasaje e identifique las tres mentiras que David dijo.

Enumere cada mentira y su correspondiente verdad como se muestra a continuación.

Mentira	Verdad
1. (v. 2)	
2. (v. 5)	
3. (v. 8)	

En primer lugar, David dijo que se encontraba cumpliendo órdenes del rey, en circunstancias que, en realidad, estaba huyendo de él. En segundo lugar, dijo que sus hombres y él estaban ceremonialmente limpios; sin embargo, las Escrituras no muestran nada que respalde su afirmación. ¡Lo último que estaba en su pensamiento era cumplir las leyes religiosas! Y, en tercer lugar, dijo que había tenido que salir tan rápido que no tuvo ocasión de recoger sus armas. ¡La verdad era que David no tenía armas que recoger!

REACCIONAR: Aunque David mintió, Dios le proveyó de pan. Dios tiene maneras de satisfacer nuestras necesidades incluso cuando creemos que no lo merecemos. Piense en una ocasión en la que creía no merecer la provisión de Dios; no obstante, Él le proveyó de todos modos.

Pedro se encuclilla en una esquina y se tapa los oídos, pero no puede silenciar el sonido de su promesa vacía. «Estoy dispuesto a ir contigo tanto a la cárcel como a la muerte» (Lucas 22:33). Su valor se derritió en el fuego y el miedo de la medianoche. Y ahora él y los otros huyen mientras se preguntan qué lugar tiene Dios para ellos. Jesús les responde la pregunta entrando a través de la puerta, que está cerrada.

Viene con pan para sus almas. «La paz sea con ustedes» (Juan 20:19). Trae una espada para la batalla. «Reciban el Espíritu Santo» (v. 22).

Pan y espada. Él da ambas cosas a los aún desesperados.

¿Sigue asombrado por la provisión que Dios trae para usted? ¿Lo encuentra Dios moviendo la cabeza de izquierda a derecha mientras se pregunta qué hizo para merecer tales bendiciones? No se las merece. ¡Dios se las da a los indignos, a los desesperados, a personas como usted y como yo!

5

ÉPOCAS DE SEQUÍA

Enfoque escritural: 1 Samuel 21:10—22:5

Objetivo de la lección: Descubrir la presencia de Dios en medio de las batallas personales y disponernos a descubrir el aliento de Dios en las personas que Él pone en nuestras vidas.

David se fue de Gat y huyó a la cueva de Adulán. Cuando sus hermanos y el resto de la familia se enteraron, fueron a verlo allí. Además, se le unieron muchos otros que estaban en apuros, cargados de deudas o amargados. Así, David llegó a tener bajo su mando a unos cuatrocientos hombres. (1 Samuel 22:1-2)

REPASAR: Saúl seguía tras el rastro de David, debido a lo cual este no podía quedarse en un lugar por mucho tiempo. Saúl hizo que ayudar a David fuera un crimen castigado con la muerte, de manera que David perdió su estructura de soporte. Estaba solo y huyendo. Después de dejar Nob, se dirigió a Gat, la ciudad filistea donde residía la familia de Goliat. La fama de David se había diseminado de tal manera que parecía que todos sabían quién era.

Cuando llegó a Gat, lo hizo temiendo lo que le podría ocurrir como consecuencia por haber derrotado a los filisteos y dado muerte a Goliat. Por lo tanto, decidió fingir que estaba loco. Aquis, el rey de Gat, no quería tener nada que ver con David, por lo que este huyó a la cueva de Adulán. Adulán estaba a unos dieciséis kilómetros al sureste de Gat y aproximadamente a unos veinticuatro kilómetros al suroeste de Jerusalén.

David atrajo a seguidores que se parecían mucho a él, angustiados por una razón u otra. En la cueva de Adulán, se unieron y reconocieron a David como el jefe.

¿A quién o a qué recurre usted cuando está angustiado?

Y aquí tenemos a nuestro héroe... escondiéndose en una cueva con una banda de inadaptados sociales que huían por sus vidas y buscaban un líder.

REPENSAR: Todos tenemos épocas de sequía; por lo tanto, sabemos de qué se trata eso. En las sequías, todo se hace más difícil. Lo fácil se vuelve difícil. Lo difícil se vuelve más difícil. Y algunas veces, lo difícil se vuelve sencillamente imposible. La vida se transforma en una carga pesada.

¿Qué es lo más probable que haga cuando le toca pasar por una época de sequía?

- Organizar una fiesta de lástima y compadecimiento por usted.
- Convertirse en un «evangelista de la ansiedad» y tratar de convencer a otros a que se unan en su miseria.
- Ignorar la situación y fingir que todo está bien.
- Dedicar más tiempo al estudio de la Biblia y a orar buscando la dirección de Dios para su vida.
- Otra cosa.

¿Cuál espera que sea el resultado de la acción que seleccionó?

¿Qué cree que Dios querría lograr durante las estaciones secas de su vida?

REFLEXIONAR: Lea 1 Samuel 21:10—22:5. Uno de los elementos más sorprendentes de esta historia es la forma en que la gente se sintió atraída por David.

¿Por qué cree que la gente se sintió atraída por él?

¿Qué tipo de personas se sienten atraídas por usted y por qué cree que ocurre tal atracción?

Insisto, Dios envió a alguien con un mensaje para David. El profeta Gad le dijo que fuera a Judá, y David hizo lo que se le dijo.

¿A quién ha enviado Dios para que le ayude a discernir su voluntad para su vida?

¿Cómo sabe a quién escuchar?

- Me encanta esa persona.
- Me dice lo que quiero escuchar.
- Me dice que haga lo que ya yo había decidido hacer.
- Me ayuda a interpretar las Escrituras para que me sea más fácil obedecer.
- Me dice siempre la verdad y nunca contradice las Escrituras.

Dios podría estar preparándolo para que ayude a otra persona. ¿Qué está haciendo para alistarse de la mejor forma para que Dios lo use en la vida de otros?

- Nada. No tengo tiempo para otras personas.
- Voy a la iglesia cuando puedo.
- Paso tiempo a diario con Dios y estudio su Palabra para conocerlo mejor.

REACCIONAR: David siguió huyendo, pero aun así Dios lo usó.

¿Recuerda cuándo Dios lo usó a pesar de haber salido huyendo?

¿Está en el desierto? Entre a la presencia de Dios como un fugitivo que entra a una cueva. Encuentre refugio en la presencia de Dios.

Encuentre consuelo en su pueblo. Eche su sombrero al aire en una congregación de personas que son un don de gracia alejados de la tragedia, la adicción y el desastre. Busque su comunidad en la iglesia de Adulán.

Busque refugio en la presencia de Dios. Encuentre consuelo en el pueblo de Dios. Estas son las claves para sobrevivir en el desierto. Haga esto y, quién sabe, si en medio de este desierto llegue a escribir sus más inspirados salmos.

Tómese unos minutos y escriba una oración de alabanza expresando a Dios sus pensamientos sobre una de sus experiencias en el desierto. No tenga miedo en cuanto a ser sincero; de todos modos, ¡Él ya sabe lo que está pensando!

6

GENERADORES DE DOLOR

Enfoque escritural: 1 Samuel 24:1-15

Objetivo de la lección: Descubrir la gracia de Dios y comprometernos a extenderla a todos con quienes nos encontremos.

Con estas palabras, David contuvo a sus hombres, y no les permitió que atacaran a Saúl. Y Saúl salió de la cueva para proseguir su camino, David, entonces, lo siguió, gritando: ¡Majestad, Majestad! Saúl se volvió, miró hacia atrás, y David, postrándose rostro en tierra, se inclinó. (1 Samuel 24:7-8)

Repasar: La ira de Saúl contra David se extendió a los que David iba encontrando en su camino mientras huía.

Mientras Saúl les quitaba la vida a los sacerdotes en Nob, David se dirigía a Queilá, a unos veintisiete kilómetros al suroeste de Jerusalén. Queilá estaba bajo el ataque de los filisteos, por lo que Dios le ordenó a David que defendiera la ciudad. Pero los hombres de David no estaban muy entusiasmados con la idea de interrumpir su huida de Saúl para luchar contra un ejército filisteo. David acudió a Dios por segunda vez y le preguntó: «Oh, Dios, ¿estás seguro de que quieres que peleemos contra los filisteos?». Dios estaba seguro; los que no estaban seguros eran David y sus hombres.

Describa una ocasión en la que le preguntó a Dios sobre algo que le dijo que hiciera.

De modo que David y sus hombres defendieron la ciudad de Queilá y derrotaron a los filisteos. Queilá era una ciudad amurallada, por lo que no era fácil escapar de ella. Cuando Saúl se enteró de que David estaba allí, ordenó a sus hombres que sitiaran la ciudad y atraparan a David dentro de sus muros. David, sin embargo, tenía una ventaja. En sus conversaciones con Dios, este le dijo que Saúl venía y que los hombres de Queilá lo entregarían al rey que lo perseguía.

Cuando usted huye del peligro, ¿a dónde se dirige?

- A una relación con otra persona.
- A un hábito autodestructivo.
- A una juerga costosa.
- A ensimismarse y aislarse de todos los demás.
- A Dios primero y siempre.

¿Ve el cambio en David? Parece que ha experimentado un pequeño avivamiento. Ha vuelto a hablar con Dios sobre sus decisiones en lugar de confiar en sus propios instintos. Usted es como David... pero ¿cuál David representa mejor sus acciones?

REPENSAR: A menudo, el dolor nos llega en forma de persona. Eso es lo que descubrió David. Su mayor preocupación venía de Saúl: celoso, furioso y vengativo. David tenía todas las razones para despreciar a Saúl e incluso tuvo oportunidades para eliminar la amenaza de Saúl. Sin embargo, no lo hizo sino que actuó con misericordia hacia el que buscaba hacerle daño.

¿Cuál es su actitud hacia aquellos que buscan hacerle daño?

- Hacerles daño yo antes que ellos me lo hagan a mí.
- Salir huyendo.
- Mostrarles misericordia y dejar que Dios juzgue.
- Otra.

Piense en una situación en la que alguien trató de hacerle daño y cómo reaccionó. ¿Fue su respuesta la correcta?

REFLEXIONAR: Lea 1 Samuel 24:1-15. En su opinión, ¿cuál es el elemento más asombroso de esta historia?

Piense por un momento. David sabía que él sería el próximo rey de Israel, de modo que eliminar a Saúl aceleraría su ascenso al trono. Si hubiera pensado en sí mismo, habría matado a Saúl y tomado su lugar como rey. En lugar de eso, entendió el valor del tiempo de Dios y evitó que la voluntad de Dios se ajustara a sus planes personales. ¿No cree que nosotros deberíamos hacer lo mismo?

¿Cuándo ha fallado en esperar el tiempo de Dios con respecto a una acción o a una decisión? ¿Cuál fue el resultado final?

¿Por qué es tan difícil esperar a Dios?

REACCIONAR: Saúl era el enemigo número uno de David, pero este dejó pasar su oportunidad de eliminar esa amenaza. ¿Cuál debería ser su actitud hacia quienes lo amenazan?

Solo Dios juzga con equidad. Nosotros imponemos castigos demasiado leves o demasiado severos. Dios imparte justicia perfecta. La venganza es su trabajo. Deje a sus enemigos en las manos de Él.

Al dejar a sus enemigos en las manos de Dios, no está avalando una mala conducta. Puede rechazar lo que alguien le hizo sin dejar que el odio le consuma. Perdonar no es excusar.

Perdonar es seguir adelante, dejar de pensar en la ofensa. No la disculpa, no la respalda, ni la abraza. Simplemente dirija sus pensamientos sobre ellos a través del cielo. Verá a su enemigo como un hijo de Dios y la venganza como un trabajo de Dios.

Por cierto, ¿cómo podríamos hacer a los receptores de la gracia menos que eso? ¿Cómo podríamos pedir de Dios gracia cuando nosotros no estamos dispuestos a darla? Este es un tema muy importante de las Escrituras. Jesús fue duro con los pecadores que se negaron a perdonar a otros pecadores. ¿Recuerda la historia del siervo aquel a quien se le perdonó una deuda de millones pero que se negó a perdonar una deuda de cuatro centavos? Con su actitud provocó la ira de Dios. «¡Siervo malvado! —le increpó Dios—. Te perdoné toda aquella deuda porque me lo suplicaste. ¿No debías tú también haberte compadecido de tu compañero, así como yo me compadecí de ti?» (Mateo 18.32-33).

En definitiva, damos gracia porque se nos ha dado gracia. Sobrevivimos porque imitamos al árbol superviviente. Llegamos a nuestras raíces más allá de la zona de bombardeo. Aprovechamos la humedad más allá de la explosión. Cavamos más y más profundamente, hasta que sacamos humedad de la misericordia de Dios.

A nosotros, como a Saúl, se nos ha dado gracia.

Nosotros, como David, debemos darla de manera generosa.

7

COMPORTAMIENTO
BRUTAL

Enfoque escritural: 1 Samuel 25:14-38

OBJETIVO DE LA LECCIÓN: Descubrir cómo nuestro compromiso con Dios puede vencer el egocentrismo de los demás.

Yo le ruego que perdone el atrevimiento de esta servidora suya. Ciertamente, el SEÑOR le dará a usted una dinastía que se mantendrá firme, y nunca nadie podrá hacerle a usted ningún daño, pues usted pelea las batallas del SEÑOR. (1 Samuel 25:28)

REPASAR: Con Saúl apaciguado por el momento, David volvió su atención hacia Nabal, un bárbaro despiadado y egocéntrico que no se preocupaba por nadie más que por sí mismo. Nabal vivía en Maón, no lejos de la fortaleza en la que David y sus hombres buscaron refugio. Cuando David se enteró de que Nabal estaba preparando un gran banquete, envió diez mensajeros a pedir comida. Nabal se burló de la idea e incluso actuó como si no supiera quién era David. La noticia de la reacción de Nabal enfureció tanto a David que reunió a cuatrocientos de sus hombres para ir a matar a Nabal y su familia.

¿Ha actuado alguna vez de forma egoísta? ¿En qué áreas es más probable que lo sea?

- Mi tiempo.
- Mi dinero.
- Mis talentos o habilidades.
- Mi hogar.
- Otra.

El egoísmo de Nabal hacía difícil para cualquiera, incluida su esposa, disfrutar de su cercanía. ¿Está su egoísmo afectando la forma en que la gente se relaciona con usted?

REPENSAR: El egocentrismo fue para Nabal un gigante en su vida. No veía nada aparte de sus propios deseos. Vivía para complacerse a sí mismo y se preocupaba poco por los demás. Las personas que lo rodeaban estaban con él por miedo, no por lealtad.

A veces es más fácil llegar a tener poder ejerciendo nuestra voluntad personal. Y aunque sabemos que estamos alienando a nuestros amigos y familiares, seguimos respondiendo a las personas de maneras que las degradan y las hacen sentir estúpidas. A menudo nos disculpamos diciendo: «Bueno, así soy yo».

Quizás usted no se vea a sí mismo tan extremista como Nabal, pero ¿cuáles son algunas de las cosas que es propenso a hacer que pudiesen provocar que otros no quieran estar con usted?

REFLEXIONAR: Lea 1 Samuel 25:14-38. ¡Abigail al rescate! Uno de los sirvientes de Nabal le contó a Abigail lo bondadosos que habían sido David y sus hombres con ellos. Al oír aquello, Abigail quedó consternada por la negativa de Nabal a satisfacer el pedido de comida que le había hecho David. Cuando ella vio lo que estaba a punto de suceder, se le ocurrió un plan para que los hombres de David pudieran alimentarse y su familia se salvara.

¿Alguna vez ha experimentado la bondad de quien menos lo esperaba?

Abigail asumió la responsabilidad por el comportamiento de Nabal. ¿Le resulta más fácil, cuando se trata de situaciones difíciles, culpar a los demás en lugar de asumir la responsabilidad incluso si fue otra la persona que tuvo la culpa?

Basados en el modelo de Abigail, ¿qué tendría que hacer usted?

REACCIONAR: Nuestro mundo está lleno de nabales. Trabajamos con ellos, vivimos junto a ellos, nos casamos con ellos e incluso vamos a la iglesia con ellos. No hay forma de escapar de los nabales que llevamos en nuestras vidas. Sin embargo, podemos ponerlos en la perspectiva adecuada y mantener nuestra fidelidad a Dios a pesar de su egoísmo.

Mencione tres cosas que puede hacer para mantener a sus nabales en la perspectiva adecuada.

Cristo vivió de una manera que nosotros no pudimos vivir, tomó el castigo que no pudimos soportar y vivió para ofrecer la esperanza que no podemos resistir. Su sacrificio nos induce a hacernos estas preguntas: Si Él nos amó tanto, ¿no podemos nosotros amarnos unos a otros? Si hemos sido perdonados, ¿no podemos nosotros perdonar? Si hemos disfrutado de banquetes en la mesa de la gracia ¿no podemos nosotros compartir algunos mendrugos? «Queridos hermanos, ya que Dios nos ha amado así, también nosotros debemos amarnos los unos a los otros» (1 Juan 4:11).

¿Le resulta difícil de digerir su mundo tipo Nabal? Entonces haga lo que hizo David: deje de mirar a Nabal. Cambie el foco de su mirada a Cristo. Mire más al Mediador y menos a los alborotadores. «No te dejes vencer por el mal; al contrario, vence el mal con el bien» (Romanos 12:21). Un prisionero puede cambiar de campo. Una Abigail puede salvar a una familia. Sea la belleza en medio de las bestias y vea qué pasa.

8

ARMAS INÚTILES

Enfoque escritural: 1 Samuel 27:1-4; 30:1-6

OBJETIVO DE LA LECCIÓN: Aprender a identificar las señales de advertencia del cansancio espiritual y comprometernos a un enfoque efectivo en la relación con Dios.

David se alarmó, pues la tropa hablaba de apedrearlo; y es que todos se sentían amargados por la pérdida de sus hijos e hijas. Pero cobró ánimo y puso su confianza en el SEÑOR su Dios. (1 Samuel 30:6)

REPASAR: Después de la muerte de Nabal, David tomó por esposas a Abigail (la viuda de Nabal) y a Ajinoán. Con su acuerdo con Saúl fresco en su mente, David descartó a Saúl como una fuente de peligro. Pero estaba equivocado. Los zifitas le dijeron a Saúl dónde se escondía David, entonces Saúl reunió a tres mil hombres y se dirigió al desierto de Zif. David envió espías para evaluar la amenaza y vio que Saúl había roto su promesa y estaba de nuevo tras su pista. David se movilizó rápido. Fue al campamento de Saúl y, de nuevo, no quiso matarlo aunque pudo haberlo hecho; en cambio, cogió la lanza de Saúl y su cántaro de agua y se los llevó. Una vez que estuvo a una distancia segura, gritó para que Saúl y sus hombres se dieran cuenta de que él pudo haber dado muerte al rey, pero no lo había hecho. Una vez más, Saúl se arrepintió y prometió seguridad para David a cambio de la misericordia que le había mostrado. Acto seguido abandonó el lugar y David se dedicó a sus asuntos.

Para David, todo ese lío con Saúl había sido estresante. Estaba exhausto y trató de escapar de Saúl de una vez por todas. La gente desesperada hace cosas desesperadas. Así fue como decidió buscar refugio en Filistea, el hogar de los principales rivales de Israel. Creía que Saúl dejaría por fin de buscarlo.

¿Cuáles son las cosas que amenazan con robarle lo mejor de sí?

- Alcohol o drogas.
- Posesiones.
- Obsesión por la apariencia.
- Actividad inmoral.
- Religión (en oposición a una relación con Dios).
- Trabajo.
- Otra cosa.

Las cosas con las que resonó son sus saúles. Se burlan de usted y lo amenazan hasta el punto de querer hacer cualquier cosa para escapar de ellas.

REPENSAR: David juró lealtad a Aquis y recibió a cambio la ciudad de Siclag. Atacó las ciudades filisteas cercanas, pero le dijo a Aquis que había atacado ciudades de Judá. Aquis estaba seguro de que todos los israelitas odiarían a David y que este no tendría más remedio que permanecer esclavizado a él y a los filisteos.

Quizás no se vea alineado con el enemigo, pero puede ver situaciones en su vida en las que es propenso a comprometer sus valores. Para todos los efectos prácticos, comprometer sus valores o principios es lo mismo que ponerse del lado del enemigo.

Traiga a su memoria una situación en la que pudo haberse mantenido fiel a sus principios y no lo hizo.

REFLEXIONAR: Lea 1 Samuel 27:1-4 y 30:1-6.

Es consciente de una ocasión en que se le desafió a ser fiel a sus valores, pero decidió no hacerlo. ¿Qué pasó en ese momento en que se comprometió? ¿Cómo se sintió después de buscar refugio con el enemigo?

Cansado de su interminable carrera, David perdió la esperanza. Lea nuevamente 1 Samuel 27:1.

Vuelva a escribir ese versículo con sus propias palabras, sustituyendo la cosa de la que huyó por el nombre de Saúl.

Por ejemplo: «Algún día mi deseo por las posesiones va a sacar lo mejor de mí, por lo que también podré escapar del peligro al permitirme un comportamiento inmoral». Esa línea de razonamiento no tiene sentido, ¡pero las personas desesperadas rara vez lo tienen!

REACCIONAR: David nos ha dado razones para preguntarnos qué pudo haber hecho cuando al regresar a Siclag descubre que los amalecitas habían estado allí. No solo habían invadido la ciudad, sino que también la habían quemado, llevándose cautivas a todas las familias de sus hombres. Acurrucarse con el enemigo lo hace vulnerable a otras amenazas. Su familia, su hogar, su presente y su futuro no están exentos del peligro. Al final, incluso sus más cercanos pueden llegar a cambiar su acercamiento a usted. ¡Buscar refugio con el enemigo no es tan buena idea después de todo!

David lo hizo. Allí mismo, en las ruinas humeantes de Siclag, encontró la fuerza. Después de dieciséis meses en Gat, después del rechazo de los filisteos, del ataque de los amalecitas y de la insurrección de sus hombres, recordó qué hacer. «Cobró ánimo y puso su confianza en el Señor su Dios» (1 Samuel 30:6).

Es bueno tenerte de vuelta, David. Te extrañamos mientras estuviste afuera.

9

MOMENTOS EN QUE UNO SE DESPLOMA

Enfoque escritural: 1 Samuel 30:7-25

OBJETIVO DE LA LECCIÓN: Desarrollar una conciencia de la providencia de Dios y comprometernos a honrar a los demás de acuerdo con la actitud de Dios hacia nosotros.

—No hagan eso, mis hermanos —les respondió David—. Fue el SEÑOR quien nos lo dio todo... ¿Quién va a estar de acuerdo con ustedes? Del botín participan tanto los que se quedan cuidando el bagaje como los que van a la batalla. (1 Samuel 30:23a, 24)

REPASAR: Siclag estaba en ruinas, las mujeres y los niños habían sido llevados en cautiverio, el ejército estaba en desorden y David buscaba la guía de Dios. Fue a ver a Abiatar, el sacerdote. Abiatar le hizo entrega del efod. Esta parte de la historia representa un cambio espiritual en la vida de David. Cuando se asoció con los filisteos, no buscó el consejo de Dios. Como resultado, las cosas no salieron tan bien como esperaba. Ahora se vuelve a Dios y se le dice que persiga a los amalecitas.

¿Cuándo está más dispuesto a buscar el consejo de Dios sobre un asunto en particular?

- Cuando las cosas van bien.
- Cuando la vida es caótica.
- Nunca.
- Siempre… incluso cuando va a comer a un restaurante de comida rápida.

REPENSAR: David y sus seiscientos hombres comenzaron a perseguir a los amalecitas, pero no estaban seguros de adónde habían ido. Su primera parada fue en el arroyo de Besor, a unos veintidós kilómetros al sur de Siclag. Allí se quedaron doscientos de los hombres de David, mientras que los cuatrocientos restantes siguieron tras los amalecitas. La persecución de David de los amalecitas puede representar nuestra vida espiritual. A veces nos unimos a la batalla y otras veces nos sentamos junto al arroyo a descansar y dejamos que otros hagan el trabajo.

¿Dónde está en este momento? ¿Está en la batalla o sentado descansando junto al arroyo? Explique su respuesta.

REFLEXIONAR: Lea 1 Samuel 30:7-25. Con la ayuda de un egipcio abandonado, David y sus hombres lograron localizar a los amalecitas. Los atacaron y recuperaron tanto sus familias como sus propiedades. Solo cuatrocientos amalecitas escaparon de la emboscada de David. Con sus familias y rebaños a cuestas, David y sus hombres regresaron al arroyo de Besor donde habían quedado los doscientos soldados cansados.

Si hubiera sido parte del ejército que derrotó a los amalecitas, ¿cuál habría sido su reacción ante los soldados que se habían quedado en Besor?

¿Cuándo se ha dedicado a descansar mientras otros se encargaban de las tareas de tipo espiritual?

Es fácil traspasar a otros nuestros trabajos. Entregamos a otros la responsabilidad de educar espiritualmente a nuestros hijos. Dejamos la evangelización a los «profesionales» contratados por la iglesia. Esperamos que alguien hable con nuestros vecinos sobre cómo integrarse a la iglesia. Nos preguntamos por qué no hay maestros para las clases de estudio bíblico. Mientras no hay forma de satisfacer las necesidades existentes, nos sentamos en el arroyo de Besor... a descansar.

REACCIONAR: Hay quienes se quedan a vivir en el arroyo de Besor. Si usted es uno de ellos, esto es lo que necesita saber: es bueno descansar. Jesús es su David. Él pelea cuando usted no puede. Él va donde usted no puede ir. Él no se enoja si se sienta. ¿No invitó Él: «Vengan conmigo ustedes solos a un lugar tranquilo y descansen un poco» (Marcos 6:31)?

¿Cuándo ha sido usted el destinatario de algo inmerecido?

El arroyo de Besor bendice el descanso. El arroyo de Besor también advierte contra la arrogancia. David sabía que la victoria era un regalo de Dios. Recordemos nosotros lo mismo. La salvación llega como el egipcio en el desierto, una deliciosa sorpresa en el camino. No ganado. Inmerecido. ¿Quiénes son los fuertes para criticar al cansado?

¿Está cansado? Recupere el aliento. Necesitamos sus fuerzas. ¿Es fuerte? Cuídese de emitir juicios sobre los cansados. Lo más probable es que en algún momento tendrá que sentarse a descansar. Y cuando lo haga, el arroyo de Besor es una buena historia que conocer.

10

DOLOR INDESCRIPTIBLE

Enfoque escritural: 2 Samuel 1:4-12

OBJETIVO DE LA LECCIÓN: Descubrir en qué manera nos afectan las aflicciones, y comprometernos a confiar en Dios en tiempos de dolor.

Entonces David, asiendo de sus vestidos, los rasgó; y lo mismo hicieron los hombres que estaban con él. (2 Samuel 1:11, RVR60)

REPASAR: Jonatán y dos de sus hermanos murieron en la batalla contra los filisteos. Saúl resultó gravemente herido y era solo cuestión de tiempo para que los filisteos acabaran con él; por eso, ordenó a su escudero que lo matara, pero el escudero se negó. Saúl, entonces, se echó sobre su propia espada y de esa forma murió. Los hombres de Israel que sobrevivieron se dieron a la fuga y los filisteos se apoderaron del área.

Piense en los encuentros de David con Saúl. ¿Cómo describiría la actitud de David para con el rey?

David tenía una relación muy cercana con Jonatán. La noticia de la muerte de Saúl y de Jonatán golpeó duramente a David. Se entristeció en gran manera.

¿Qué situación personal le ha causado un gran dolor?

REPENSAR: David podría haber visto la situación de manera egoísta. Después de todo, estaba a punto de convertirse en el rey de Israel. Sin embargo, la pérdida del líder de Dios para su nación y la de su gran amigo lo habían desconsolado. El dolor tiene una forma de minimizar las diferencias personales. Es una lástima que haya personas que opten por dejar que sus diferencias persistan hasta la muerte.

¿Hay alguien con quien necesite restablecer una relación personal? Si es así, ¿quién es esa persona y qué hará para restaurar la relación?

REFLEXIONAR: Lea 2 Samuel 1:4-12. Un amalecita que había sido testigo de la muerte de Saúl y Jonatán le llevó la noticia a David; incluso le entregó la corona y el brazalete que habían pertenecido al rey. En señal de duelo, David se rasgó la ropa y lamentó las muertes.

Si está afligido, le han robado algo. Por lo tanto, puede estar afligido por algo más que la pérdida de una persona. Quizás perdió su trabajo, una relación o una mascota.

Piense en una pérdida que haya experimentado y el efecto que tuvo en sus actividades diarias.

Escriba una oración en la que le entregue la situación a Dios y le pida que lo fortalezca en su momento de dolor.

Como sabe, las cosas nos afectan más de lo que estamos dispuestos a admitir. El dolor nos roba el gozo y nos recuerda lo duro que es el mundo en el que vivimos.

REACCIONAR: ¿Le ocurre que cuando deja a sus hijos en la escuela, llora como si nunca los va a volver a ver? Cuando deja a su esposa en la tienda y va a estacionar el auto, ¿se despiden como si fuera para siempre? No, ¿verdad? Cuando dice: «Te veré pronto», lo dice en serio. Cuando se para en el cementerio, mira la tierra suave y recién removida, y promete: «Te veré pronto», dice la verdad. La reunión es un fragmento de un momento eterno.

No hay necesidad de que «se entristezcan como esos otros que no tienen esperanza» (1 Tesalonicenses 4:13).

Así que, ¡adelante! Enfréntese a su dolor. Tome su tiempo. Permítase unas lágrimas. Dios comprende. Él conoce el dolor de una tumba. Él enterró a su Hijo. Pero también conoce el gozo de la resurrección. Y, por su poder, usted también lo conocerá.

═══

11

INTERSECCIONES CIEGAS

Enfoque escritural: 2 Samuel 2:1-7

OBJETIVO DE LA LECCIÓN: Descubrir cómo aconseja Dios a sus seguidores y comprometernos a consultar a Dios en tiempos de decisión.

Después de esto aconteció que David consultó a Jehová, diciendo: ¿Subiré a alguna de las ciudades de Judá? (2 Samuel 2:1, RVR60)

REPASAR: Pareciera que David había aprendido la lección. Cuando intentó tomar decisiones sin consultar a Dios, los resultados fueron menos que buenos. Cuando consultó a Dios antes de tomar una decisión, las cosas fueron mucho mejor.

Piense en una ocasión en que tomó una decisión sin consultar a Dios. ¿Cuál fue el resultado?

Escriba en su cuaderno los siguientes pasos en el orden en que los da normalmente.

- Experimento las consecuencias.
- Analizo la situación.
- Evalúo las opciones.
- Consulto a Dios y su Palabra.
- Busco un consejo piadoso.
- Tomo la decisión.

REPENSAR: David no perdió el tiempo. No intentó varias cosas y luego se volvió a Dios; se volvió a Dios y le preguntó qué debía hacer. La respuesta que obtuvo la recibió de Dios en forma directa. ¿No sería tremendo que Dios nos respondiera a nosotros de igual modo? La buena noticia es que Él ha respondido anticipadamente a la mayoría de nuestras preguntas, sea directamente o en forma de un principio. ¡Encontramos eso en la Biblia! La mala noticia es que la mayoría de la gente no se toma el tiempo para saber lo que dice la Biblia.

¿Qué le impide consultar la Palabra de Dios cuando se enfrenta a una decisión?

REFLEXIONAR: Lea 2 Samuel 2:1-7. Dios tenía un plan que presuponía la obediencia de David. Como si estuviera en piloto automático, David se volvió a Dios y le obedeció. ¡Una cosa es saber lo que Dios espera y otra cosa es hacerlo!

¿Cuál es el resultado de saber lo que Dios espera y elegir no hacerlo?

David se convirtió en rey de Judá. Había transcurrido mucho tiempo desde aquel día en Belén cuando Samuel lo ungió. Habían pasado muchas cosas.

Piense en el momento en que aceptó a Jesús como Señor y Salvador. Han ocurrido muchas cosas desde entonces. Medite en algunos puntos clave de su trayectoria espiritual.

REACCIONAR: ¿Tiene un corazón para Dios? Hágale caso. ¿Una familia de fe? Consúltela. ¿Una Biblia? Léala. Tiene todo lo que necesita para afrontar las grandes preguntas de su vida. Sobre todo, tiene a un Dios que lo ama demasiado como para dejarlo vagar.

Dios no está jugando al escondite con usted; lo ama y quiere que experimente una vida abundante.

12

FORTALEZAS

Enfoque escritural: 2 Samuel 5:1-12

Objetivo de la lección: Descubrir nuestras fortalezas y comprometernos a confiar en Dios para vencerlas.

Y David iba adelantando y engrandeciéndose, y Jehová Dios de los ejércitos estaba con él. (2 Samuel 5:10, RVR1960)

Repasar: Durante el tiempo en que David anduvo huyendo de Saúl, a menudo buscó refugio en una fortaleza. Uno de esos lugares era Masada, a lo largo de la costa occidental del Mar Muerto. Esa fortaleza era inexpugnable, por lo que resistía el asalto y tenía la capacidad de proteger a personas o cosas que hubieran dentro de sus muros. Vista desde fuera, Jerusalén era un lugar así. Sus murallas y habitantes eran formidables. Pero Jerusalén era la ciudad que David necesitaba para unir a las tribus de Israel. Las fortalezas caen cuando aparece Dios.

Es posible que usted esté viviendo en una fortaleza. ¿Cuál de las siguientes opciones lo tiene dominado?

- Mi ego.
- Mi ambición.
- Mi trabajo.
- Una relación.
- Sexo.
- Pornografía.
- Preocupación.
- Dinero.
- Posesiones.
- Apariencia personal.
- Otro.

REPENSAR: Para todos los demás, querer tomarse a Jerusalén era una pérdida de tiempo. David, sin embargo, lo vio como una batalla que podía ganar.

¿Qué hizo que David viera algo que otros no vieron?

REFLEXIONAR: Lea 2 Samuel 5:1-12. El término clave en este pasaje es *pero* (v. 7).

Pero confronta a la opinión popular con la posibilidad del que cree. Eche otro vistazo al versículo 7.

¿Cuál era la opinión popular?

Piense en su vida. Ha tenido algunos momentos *pero,* ¿no es así? Ha tenido momentos en los que parecía que todo estaba en su contra, *pero* perseveró para lograr una meta. ¿Cuáles son algunos ejemplos de sus momentos *pero*?

La opinión popular era que... pero... ¡ocurrió!

REACCIONAR: Pedro se metió el pie en la boca. José fue encarcelado en Egipto. La mujer samaritana se había casado cinco veces. Jesús estaba muerto en la tumba... Sin embargo: Pedro predicó, José gobernó, la mujer compartió, Jesús resucitó, ¿y usted? Llene el espacio en blanco. Su «pero» lo espera.

13

DEIDAD DISTANTE

Enfoque escritural: 2 Samuel 6:1-19

OBJETIVO DE LA LECCIÓN: Descubrir cómo hemos hecho ordinario lo que Dios quiere que sea extraordinario y comprometernos a celebrar la presencia de Dios.

> Y David danzaba con toda su fuerza delante de Jehová; y estaba David vestido con un efod de lino. Así David y toda la casa de Israel conducían el arca de Jehová con júbilo y sonido de trompeta. (2 Samuel 6:14-15, RVR60)

REPASAR: El arca del pacto había caído en posesión de los filisteos antes de ser llevada a la casa de Abinadab. Parece que el pueblo de Israel se había olvidado por completo de ella hasta que llegó David y quiso llevarla a Jerusalén. El único problema fue que David manejó el arca de la misma manera que lo habían hecho los filisteos y, como resultado, se incumplieron las leyes con respecto a su movimiento.

¿Ha decaído su reverencia por Dios hasta el punto de que ya no piensa mucho en ello? ¿De verdad comprende la santidad de Dios y tiembla ante la idea de estar en su presencia? ¿O el encuentro con Dios se ha convertido en nada más que un compromiso social que se asemeja a un juego de fútbol de la escuela secundaria?

Califique su respuesta a la santidad de Dios.

- Fría
- Mediana
- Caliente
- Al rojo vivo

REPENSAR: Cuando David movió el arca por primera vez, lo hizo de la manera incorrecta y finalmente canceló el desfile después de la muerte de Uza.

Quizás usted nunca haya movido el arca, pero ¿ha habido algún momento en su vida en el que no haya respetado la presencia y la prioridad de Dios? ¿Qué respuesta espera Dios de usted?

REFLEXIONAR: Lea 2 Samuel 6:1-19. Después de tres meses, David reanudó el traslado del arca y, esta vez, lo hizo de la manera correcta. Como resultado, celebró su llegada a

Jerusalén con danzas alegres (y casi desnudo). David estaba encantado de tener a Dios donde debía estar.

¿Hay partes de su vida que están fuera del alcance de Dios? ¿Lo ve como un aguafiestas cósmico que quiere echar a perder un buen rato antes de que suceda? Si es así, está malinterpretando a Dios y malinterpretando lo que significa pasar un buen rato.

Escriba una nota a Dios invitándolo a que vaya a cualquier área restringida de su vida. Sea honesto con Él; pues ya conoce las áreas donde no es bienvenido. Sea honesto consigo mismo; ignorar al gigante no lo hará desaparecer.

REACCIONAR: El cuerpo sin vida de Uza es una advertencia en contra de la irreverencia. El temor a Dios no conduce a la muerte del hombre. A Dios no se lo gana con halagos, ni con órdenes, ni con conjuras ni con invocaciones. Dios es un Dios personal que ama, sana, ayuda e interviene. No responde a pociones mágicas ni a frases ingeniosas. Él busca más. Busca reverencia, obediencia y corazones hambrientos de Él.

¡Y cuando los ve, viene! Y cuando venga, que la banda comience. Y, sí, un corazón reverente y un pie danzarín pueden pertenecer a la misma persona.

David tenía ambas cosas, ¿verdad?

14

PROMESAS DIFÍCILES

Enfoque escritural: 2 Samuel 9:1-13

OBJETIVO DE LA LECCIÓN: Descubrir cómo cumple Dios sus promesas y proponernos cumplir las que les hacemos a Él y a nuestro prójimo.

> Y moraba Mefiboset en Jerusalén, porque comía siempre a la mesa del rey; y estaba lisiado de ambos pies. (2 Samuel 9:13, RVR60)

REPASAR: La vida para David era buena. Saúl ya era historia, el arca estaba en el lugar donde debía estar y él era, finalmente, el gobernante que Dios dijo que sería. Un día, recordó una promesa que le había hecho a Jonatán cuando empezó a huir de Saúl. Le había prometido que sería bondadoso con él y, si él moría, con su familia. Había llegado el momento de que cumpliera su palabra.

¿Ha hecho usted promesas en el calor del momento que se esforzó por cumplir cuando la calefacción estaba apagada? ¿Cuál de las siguientes promesas ha hecho?

- Dios, si me sacas de esta situación, te prometo que leeré mi Biblia todos los días.
- Dios, si me proporcionas alguna forma de pagar esta factura, diezmaré el resto de mi vida.
- Cariño, si me perdonas solo esta vez, nunca volveré a hacerlo.
- Otro.

El cumplimiento de las promesas puede no estar de moda, pero el grado en que las cumpla refleja su carácter e integridad.

Si el cumplimiento de las promesas que hace refleja su carácter e integridad, ¿cuál cree que sea la opinión que Dios tiene de usted?

Dios es experto en el cumplimiento de promesas. De hecho, ¡usted nunca se encontrará con una promesa que haya roto o que haya dejado de cumplir!

REPENSAR: Mefiboset era un chico con necesidades especiales. Había resultado herido cuando se le cayó de los brazos a su nodriza que escapaba con él de la batalla en la que murieron su abuelo Saúl y su padre Jonatán. La tecnología médica de hoy era entonces inexistente, por lo que el niño quedó lisiado para siempre. En su condición, no era exactamente el tipo de persona cuya compañía fuera muy grata al rey. Pero David no olvidó la promesa que había hecho a Jonatán.

Cumplir algunas promesas nos saca de nuestra zona de confort. ¿Cómo podría alguien sentirse incómodo al cumplir las siguientes promesas?

Daré la bienvenida a todas las personas en mi casa para poder hablarles de Dios.

Haré lo que sea necesario para que mi familia y mis amigos experimenten una relación con Jesucristo que les cambie la vida.

No iré a ninguna parte ni haré nada que pueda hacer que alguien dude de mi relación con Dios.

REFLEXIONAR: Lea 2 Samuel 9:1-13. David pudo haber dicho displicentemente: «No sé de nadie en la familia de Jonatán que haya sobrevivido a la batalla, así es que mi conciencia está tranquila». Pero él no estaba buscando una forma de desentenderse de la promesa que había hecho; estaba buscando la manera de cumplirla. Él entendía que una promesa que no se cumple es una mentira lisa y llana.

¿Busca usted formas de desentenderse del cumplimiento de las promesas que hizo? ¿Hace a menudo promesas solo para poder experimentar una gratificación inmediata?

¿Cuáles son algunas de las promesas que les ha hecho a Dios, a su cónyuge, a sus hijos?

Si las palabras en las que ha pensado son ciertas, tiene algunas órdenes pendientes de cumplir. Si no lo son, necesita tener una conversación con Dios y con aquellos a quienes les ha mentido. Dios cumple sus promesas porque tiene un amor tenaz. No busca una forma fácil de cumplir sus promesas; ¡las cumple a pesar de nuestras infidelidades y dudas!

REACCIONAR: Dios lo llama para que le dé sentido al amor tenaz. Fidelidad encarnada. Dios le está dando una oportunidad del tamaño de Mefiboset para mostrarles a sus hijos y a sus vecinos lo que hace el amor verdadero. Abrácelo. Quién sabe si alguien puede contar la historia de su lealtad para ilustrar la de Dios.

15

AIRE DE ALTIVEZ

Enfoque escritural: 2 Samuel 11:1-17

OBJETIVO DE LA LECCIÓN: Descubrir la actitud de Dios hacia la arrogancia y consagrarnos a una vida de humildad.

> En la primavera, que era la época en que los reyes salían de campaña, David mandó a Joab con la guardia real y todo el ejército de Israel para que aniquilara a los amonitas y sitiara la ciudad de Rabá. Pero David se quedó en Jerusalén. (2 Samuel 11.1)

REPASAR: La batalla era el lugar donde David tenía que estar; pero estaba en su casa, en Jerusalén. Este es el escenario de una de las historias más conocidas sobre David. No estaba donde debía haber estado, así que no estaba haciendo lo que debía haber estado haciendo. Por lo tanto, hizo lo que no debía haber hecho en el lugar que no le correspondía estar. ¿Captó la idea?

Desde el palacio, David podía ver su reino y también podía ver la casa de Urías y Betsabé. Urías estaba en el frente de batalla, donde le correspondía, y Betsabé estaba en la azotea de su casa, bañándose. ¿Era aquel el lugar habitual para bañarse? Tal vez. ¿Estaba Betsabé tentando a David a sabiendas? Tal vez. Pero lo que hizo David fue culpa de David. David no fue una víctima.

En una sociedad feliz con los litigios, hemos desarrollado el hábito de reclamar la condición de víctimas cuando realmente somos responsables de nuestras acciones. Cuando nos quemamos la lengua con café caliente, es culpa del restaurante. Cuando perdemos los estribos, es culpa del servidor. Cuando abandonamos nuestras responsabilidades en casa, es la culpa del jefe.

¿Cuándo ha culpado a otro de su mala decisión?

Culpe a quien quiera, pero las consecuencias de sus acciones y decisiones las sufre usted. Puede que no esté de moda aceptar la responsabilidad personal, pero si Dios no responsabiliza a otras personas por sus acciones, ¿qué le hace pensar que puede hacerlo usted?

REPENSAR: Todo le iba muy bien a David. Su trono estaba seguro, su gente era próspera, su índice de aprobación era alto y, como resultado, su ego estaba así de inflado. Pasó de ser un humilde servidor a ser el exigente director ejecutivo de Israel. ¡Envió y luego pecó!

Eche un vistazo a la semana pasada. ¿Cuáles son algunas de las cosas que ha hecho con un ego demasiado inflado?

¿Quiénes son algunas de las personas que se han visto afectadas negativamente por sus acciones egoístas?

La mayoría de las personas tienen dificultades para dejarse impresionar con individuos que están demasiado impresionados consigo mismos. ¿Podría la gente sentirse así por usted?

REFLEXIONAR: Lea 2 Samuel 11:1-17. David dejó que su ego se alejara de él. Hizo lo que los reyes no hacían: envió a sus hombres a la batalla y él se quedó en casa. Los grandes líderes nunca le piden a nadie que hagan algo que ellos mismos no estén dispuestos a hacer. David dejó su humildad en el armario y se puso la capa del ego. Ignoró las advertencias sobre Betsabé: está casada, conoces a su marido, ten cuidado. Ignoró lo que sabía acerca de Dios: sabe lo que hace incluso si nadie más lo hace, lo hace responsable de sus acciones. Ignoró las cualidades de carácter en su propia vida e hizo lo que quería hacer sin tener en cuenta a Betsabé, Urías, el reino, las consecuencias o a Dios.

Es posible que usted se encuentre en medio de una situación similar a la de David. Quizás no implique una relación inapropiada. Quizás sí. Puede involucrar principios comerciales, compromisos morales, malos hábitos o autogratificación descuidada.

¿Qué pasos debería dar para detener la situación antes de que sea demasiado tarde?

El egocentrismo de David estalló en un complot de asesinato y trágicas consecuencias para él y su familia. Si David hubiera considerado las consecuencias, podría haber reconsiderado sus acciones. La debilidad de David superó su poder. Su ego superó su relación con Dios. ¿Le está pasando lo mismo?

REACCIONAR: ¿Cree que es alto y poderoso? Dios tiene una cura para usted: baje de la montaña. Le sorprenderá lo que oye y a quien ve. Y respirará mucho mejor.

16

COLAPSOS COLOSALES

Enfoque escritural: 2 Samuel 12:1-15

OBJETIVO DE LA LECCIÓN: Entender la omnisciencia de Dios y comprometernos a respetar su santidad y su Palabra.

—¡He pecado contra el SEÑOR! —reconoció David ante Natán. —El SEÑOR ha perdonado ya tu pecado, y no morirás —contestó Natán. (2 Samuel 12:13)

REPASAR: David, David, David. ¿Por qué? Un hombre con todo lo que tiene no necesita robarle a nadie. Sin embargo, eso es lo que hizo David. Pensó que el encubrimiento funcionó. Urías fue «asesinado en acción», mostró misericordia a Betsabé al casarse con ella, y nadie supo lo que realmente sucedió. Pero la conciencia de David no se calmó. Y Dios no se quedaría callado. Envió al profeta Natán a confrontar a David.

¿Hay algo que haya hecho o dicho que simplemente no desaparecerá? ¿Le molesta su conciencia? Hable con Dios sobre eso ahora mismo. Confiese su pecado y pídale perdón.

El pecado de David con Betsabé tuvo consecuencias de gran alcance. Repase la historia en 2 Samuel 11 y 12 y enumere las consecuencias de su pecado.

La parábola de Natán señala lo fácil que es para nosotros mantener a otras personas con estándares más altos de los que vivimos. Piense en la forma en que juzga a otras personas. ¿Cómo se enfrentaría a los mismos estándares?

REPENSAR: Natán puso su vida en peligro cuando le dijo a David que él era el tema de la parábola. En otras palabras, le dijo: «Oye, rey, sé lo que hiciste con Betsabé. . . ¡todo!». Natán fue el portavoz de Dios. Dios fue testigo de la desobediencia de David.

¿Por qué era importante que le recordara a David que Dios sabía lo que había sucedido?

¿Cómo se siente sabiendo que Dios sabe todo lo que ha hecho o pensado?

David confesó que su pecado, aunque con Betsabé, fue contra Dios. ¿Ve su pecado de la misma manera?

REFLEXIONAR: Lea 2 Samuel 12:1-15. Aunque David fue perdonado, las consecuencias de su pecado no se borraron. La casa de David nunca volvería a ser la misma. Es importante comprender que el perdón no siempre previene las consecuencias de nuestro pecado. Saber eso debería cambiar el proceso que atravesamos cuando consideramos ser desobedientes a Dios.

Haga una lista de tres o cuatro pasos que debe dar para asegurarse de no hacer voluntariamente algo que sea contrario a las instrucciones de Dios.

Enumere algunas personas a las que podría llamar para que le ayuden a ser más responsable ante Dios.

REACCIONAR: Dios hizo con el pecado de David lo que hace con el suyo y con el mío: lo borró. Es hora de que deje descansar su «tercera semana de marzo de 1987». Organice una reunión de tres partes: usted, Dios y su memoria. Coloque el error ante el tribunal de Dios. Deje que lo condene, deje que lo perdone y deje que se deshaga de él.

17

ASUNTOS DE FAMILIA

Enfoque escritural: 2 Samuel 15:13-14; 30:31

OBJETIVO DE LA LECCIÓN: Entender el valor de nuestras familias y comprometernos a darles la prioridad que Dios desea que se les dé.

David, por su parte, subió al monte de los Olivos llorando, con la cabeza cubierta y los pies descalzos. También todos los que lo acompañaban se cubrieron la cabeza y subieron llorando. (2 Samuel 15:30)

REPASAR: Un hombre quebrantado subió al monte de los Olivos. Por todo lo bueno que sabemos de David, hay un defecto que grita fuerte: David no logró que su familia fuera una prioridad. Era rico, popular, poderoso y atractivo.

Tenía la mejor casa, carros, gafas de sol y cabello. Según los estándares del mundo —quizás según sus estándares— era digno de la portada de la revista People. Sin embargo, va subiendo al monte de los Olivos arrastrando los pies y en lamento. ¿Qué es lo que hace llorar a los poderosos?

Los poderosos lloran cuando se dan cuenta de que lo que han estado persiguiendo no puede cumplir lo que prometieron. Un encuentro con un amor prohibido sumió la casa del rey en un caos. Su colección de ocho esposas e innumerables otros «amores» produjeron hijos que nunca valoró. La atención de David estaba en todas partes excepto en su casa. ¿Se identifica?

Si tiene veinticuatro unidades de atención que dar, ¿cuántas de ellas están invertidas en su cónyuge, en sus hijos, en su casa?

¿Cuántas están invertidas en su trabajo, en su vida social y en otros intereses externos?

¿Cuántas están siendo invertidas en el estudio de la Palabra de Dios y en la oración?

Según sus respuestas, ¿hasta qué punto se parece a David? Explique su respuesta.

Es fácil criticar a David. Después de todo, tenía todo a su favor, así que no tenía excusa para descuidar a su familia. ¡Tampoco usted!

REPENSAR: La fuga de David de Jerusalén fue el resultado de un golpe de estado de Absalón, uno de sus hijos. Mientras que la atención de David se desviaba a cosas sin importancia, Absalón se hacía del control. ¿Ve el paralelo?

¿Qué amenazas externas podrían colarse en su hogar y controlarlas mientras su atención se desvía a otras cosas?

¿Qué debería hacer para proteger su hogar contra estas sutiles invasiones?

Si David hubiera anticipado el resultado de su comportamiento egocéntrico, podría haber tomado algunas decisiones diferentes en el camino. ¿Y con usted, qué pasa? ¿Son algunas malas decisiones de hoy el primer paso hacia consecuencias trágicas mañana?

REFLEXIONAR: Lea 2 Samuel 15:13-14; 30-31. Absalón actuó con astucia para llegar al corazón del pueblo, ponerlo de su lado y en contra de su padre. David había venido ganando batallas, una tras otra pero cuando se trató de su hijo, optó por huir. Mientras lo hacía, se sentía abrumado por la tristeza que le provocaba la situación. Probablemente se hizo a sí mismo muchas preguntas sobre «¿y qué si...?».

Tómese unos minutos y hágase unas cuantas preguntas sobre «qué pasaría si...». ¿Qué pasaría si dejo que mi familia se vuelva cada vez menos importante para mí? ¿Qué pasaría si encuentro la tentación de otra persona más emocionante que la de mi cónyuge? ¿Qué pasaría si hago promesas a mis hijos que rara vez cumpla? ¿Qué pasaría si tengo éxito en los negocios pero pierdo a mi familia? ¿Qué pasaría si me preocupo más por lo que otras personas piensan de mí que por lo que mi cónyuge e hijos piensan de mí?

¿Qué es realmente importante para usted? Enumere sus prioridades. ¿Qué tan satisfecho estará Dios con su lista?

REACCIONAR: Sospecho que David habría cambiado todas sus coronas conquistadas por los tiernos brazos de una esposa. Pero fue demasiado tarde. Murió al cuidado de un extraño porque convirtió a su familia en extraños. Pero no es demasiado tarde para usted. Haga de su esposa el objeto de su mayor devoción. Haga que su esposo sea el destinatario de su pasión más profunda. Ame a quien usa su anillo. Y aprecie a los niños que comparten su nombre. Triunfe primero en su casa.

18

ESPERANZAS
DESTROZADAS

Enfoque escritural: 1 Crónicas 28:1-10

OBJETIVO DE LA LECCIÓN: Descubrir cómo capacita Dios a su pueblo para que tenga éxito a pesar de sus fallas y comprometernos a vivir dedicados totalmente a Dios.

Puesto de pie, el rey David dijo: «Hermanos de mi pueblo, escúchenme. Yo tenía el propósito de construir un templo para que en él reposara el arca del pacto del SEÑOR nuestro Dios y sirviera como estrado de sus pies. Ya tenía todo listo para construirlo cuando Dios me dijo: "Tú no me construirás ningún templo, porque eres hombre de guerra y has derramado sangre"». (1 Crónicas 28:2-3)

REPASAR: El pasado de David lo atrapó. Dios interrumpió sus esperanzas de construir el templo. Aquella tarea pasaría a Salomón y David moriría sin ver el arca del pacto en su hogar permanente. ¿No hay perdón... restauración... esperanza para David?

El perdón no cancela las consecuencias. La desobediencia a Dios es pecado y el pecado, aunque perdonado, tiene un efecto duradero en nosotros. ¿Quiere evitar las consecuencias de su pecado? Entonces, evite el pecado. De lo contrario, no hay garantía de que escape a las consecuencias, aunque experimente el perdón.

¿Qué quiere hacer Dios a través de su vida?

Estas son sus esperanzas... ¡asegúrese de que no se arruinen!

REPENSAR: Cuando David se dirigió a la multitud, pudo haberlo hecho amargado. Sin embargo, aparentemente reflexiona sobre el desarrollo de su vida, desde cuando era un niño pastor hasta cuando era rey. No tenía nada de qué quejarse.

Piense en lo que Dios ha hecho en su vida. Haga un breve repaso histórico de su trayectoria. ¿Dónde empezó? ¿Qué ha hecho Dios en usted y en su entorno?

¿Por qué tiene que estar agradecido?

REFLEXIONAR: Lea 1 Crónicas 28:1-10. Casi al final de su vida, David explica al pueblo que Dios le impidió construir el templo. Incluso les dice por qué. Dios quería que se hiciera de una manera diferente. David pudo haber seguido adelante y construido un templo de todos modos, pero eligió este momento para escuchar a Dios y obedecerle.

Piense en su propia vida. ¿Cuándo se ha adelantado a Dios y ha hecho algo a pesar de que entendía que Dios no quería que lo hiciera?

¿Cuáles fueron las consecuencias de adelantarse a Dios?

REACCIONAR: ¿Qué hace con los momentos «pero Dios» en su vida? ¿Cómo reacciona cuando Dios interrumpe sus buenos planes? ¿Dejará que sus momentos «pero Dios» se conviertan en oportunidades tipo «sin embargo, Dios»?

19

¡DERRIBE A GOLIAT!

Enfoque escritural: 1 Samuel 17:32-51

OBJETIVO DE LA LECCIÓN: Recordar lo débiles que son nuestros gigantes a la luz de la fuerza de Dios y comprometernos a confiar en Él para que nos fortalezca con su poder.

Tomó su bastón, fue al río a escoger cinco piedras lisas, y las metió en su bolsa de pastor. Luego, honda en mano, se acercó al filisteo. (1 Samuel 17:40)

REPASAR: Los pesimistas eran muchos. ¿Cómo podría este chico pastor enfrentarse a Goliat? El chico era tan pequeño que no podía moverse con la armadura de Saúl. Entonces, quitándosela, volvió a ser lo que era: un pastor con un cayado. Lo único que agregó a su equipo fueron las cinco piedras lisas que recogió del arroyo. Los chicos no derrotan a los gigantes; los pastores no derrotan a los guerreros. David sabía que no podía ganar esa batalla. Pero sabía que Dios podía hacerlo... ¡y lo haría!

Sus gigantes se burlan de usted recordándole su poder y su fuerza. Usted no puede ganar. Nació para perder. ¿Qué puede decir en respuesta a sus gigantes?

No es la mente lo que cuenta; ¡es Dios sobre los gigantes!

REPENSAR: Cinco piedras. Un chico. Una honda. Su equipo para la batalla puede ser muy diferente. Una jovencita. Principios piadosos. Determinación. Un hombre de negocios. Votos matrimoniales. Un compromiso sólido. Cuando compara sus recursos con el poder de los gigantes, fácilmente puede volverse pesimista acerca de sus posibilidades de vencer. Pero tiene al Creador del universo a su favor.

¿Qué armas tiene para luchar contra sus gigantes? ¿Cuáles son algunas de las cosas que hace para mantenerse preparado espiritualmente para la batalla?

REFLEXIONAR: Lea 1 Samuel 17:32-51. Nadie le daba a David probabilidades contra Goliat. Cinco piedras o quinientas rocas, realmente no importaba. Si cinco piedras lo hubieran hecho, Goliat habría sido historia hace mucho tiempo. ¡Pero no fueron las piedras!

¿Qué fue lo que hizo posible que David entrara en batalla contra Goliat con tanta confianza?

¿Qué le impide tener este tipo de confianza cuando se enfrenta a sus gigantes?

REACCIONAR: ¿Por qué David escogió un quinteto de piedras? ¿Sería porque Goliat tenía cuatro hermanos del tamaño de un Tiranosaurio rex? Por lo que David sabía, habían venido corriendo por la colina para defender a su hermano. David estaba listo para vaciar la recámara de su arma si era necesario. Imítelo. No se rinda. Puede que una oración no sea suficiente. Una disculpa podría no ser suficiente. Un día o un mes de resolución podría no bastar. Puede ser derribado una o dos veces… pero no renuncie. Siga cargando las rocas. Siga haciendo girar la honda. David agarró cinco piedras. Hizo cinco decisiones. Haga lo mismo. Piense: Pasado. Oración. Prioridad. Pasión. Persistencia.

La próxima vez que Goliat lo despierte, busque una piedra. Lo más probable es que salga de la habitación antes de que pueda cargar su honda.

GRUPO PEQUEÑO: SESIÓN 1

Objetivo de la lección: Descubrir la manera en que los problemas afectan nuestras vidas y cómo el hecho de comprometernos a confiar en Dios los puede vencer.

Antes de comenzar la sesión, lean el capítulo 1 de *Enfrente a sus gigantes*.

Enfoque escritural: 1 Samuel 17:1-11

Contexto: Goliat se había estado burlando del ejército israelita desde una montaña al otro lado del valle. Aunque Saúl era el líder militar de la nación, se negó a entablar batalla con Goliat. Los tres hermanos mayores de David formaban parte del ejército de Saúl, por lo que Isaí, el padre de David, envió pan y grano a sus hijos a través del joven pastor. Al llegar al campamento, David escucha las burlas de Goliat y decide actuar.

COMIENZO: Que un voluntario lea en voz alta 1 Samuel 17:1-11. Tómese unos minutos para establecer el contexto de este pasaje.

DESCUBRIR LA VERDAD: Distribuya tarjetas para anotaciones e indique a los estudiantes que anoten en ellas un «gigante» al que estén enfrentando. Recoja las tarjetas y barájelas para que no se revele la identidad de nadie. Retenga las tarjetas para usarlas más adelante en la sesión.

ATERRORIZADOS POR LAS BURLAS: Mientras Goliat mantenía aterrorizados a los israelitas estaba ganando la batalla. Ni usó su lanza ni amenazó con el puño. ¡No tenía necesidad de hacerlo! Los israelitas no estaban dispuestos a entrar en una batalla que sabían que no podrían ganar. Las burlas de Goliat no hacían más que recordarles sus debilidades mientras los mantenía esclavizados por su rencor.

La desesperanza es un lugar frustrante para vivir. Sin embargo, muchas personas optan por dejar que sus gigantes los mantengan cercados sin esperanza de escapar. ¿Por qué es tan difícil para la gente enfrentarse a sus gigantes?

PARALIZADOS POR EL MIEDO: Los israelitas estaban paralizados porque la situación les parecía desesperada. ¿De qué manera está paralizado usted por lo desesperado de su situación? Cuando analiza su circunstancia, ¿se parece más a Saúl que a David?

LIBERADO POR LA FE: El enfoque de David fue diferente. Decidió prestar menos atención al gigante y más a Dios. Él ya había visto a Dios obrar en su vida. Era consciente de que ya Dios había intervenido en situaciones desesperadas, y estaba seguro de que intervendría de nuevo esta vez. Desde la perspectiva de Dios, el tamaño del enemigo no importa.

¿Cuáles son algunas de las cosas que puede hacer para volver a enfocarse lejos de los gigantes y cerca de Dios? ¿Cuál podría ser el resultado final de una vida centrada en Dios?

EN CONCRETO: Tome las tarjetas que recopiló y lea en voz alta los «gigantes» que se habían escrito en ellas. Después de haberlas leído todas, rómpalas por la mitad como una manera de indicar lo poco que importan a la luz del poder de Dios. Termine con una oración pidiendo a Dios que le dé a cada persona la fuerza que necesita para enfrentar a sus gigantes.

GRUPO PEQUEÑO: SESIÓN 2

OBJETIVO DE LA LECCIÓN: Descubrir las cualidades que llevaron a David a ser rey y comprometernos a desarrollar esas cualidades en nuestras propias vidas.

Antes de comenzar la sesión, lean el capítulo 2 de *Enfrente a sus gigantes*.

Enfoque escritural: 1 Samuel 16:1-13

CONTEXTO: Debido a que el pueblo deseaba tener un rey, Dios le ordenó a Samuel que ungiera a Saúl. No pasó mucho tiempo antes de que Saúl comenzara a perseguir sus propios deseos en lugar de agradar a Dios. Poco a poco, su enfoque en Dios fue reemplazado por un enfoque en sí mismo. Esto, por supuesto, desagradó a Dios. Como resultado, Dios rechazó a Saúl como rey y le quitó su espíritu. Entonces, le asignó a Samuel la tarea de ungir al sucesor de Saúl, una asignación que era poco común mientras el predecesor todavía estaba vivo.

COMIENZO: Que un voluntario lea en voz alta 1 Samuel 16:1-13. Tómese unos minutos para establecer el contexto de este pasaje.

DESCUBRIR LA VERDAD: Haga un cuadro de dos columnas en la pizarra y ponga como título a la primera columna: «El hombre mira…» y, a la segunda: «pero Dios mira…». A continuación, mientras trabaja en los puntos principales, complete el cuadro con las cualidades que el hombre dice que son importantes y las cualidades que Dios dice que son importantes.

UN PROCESO SORPRENDENTE: Mientras Isaí presentaba a sus hijos para que Samuel escogiera el que Dios quería, se hizo evidente que el proceso sería más complicado de lo que Samuel se imaginaba. Como muchos de nosotros hacemos, Samuel miró primero la apariencia externa solo para que Dios le dijera que la apariencia externa era algo secundario. ¿De qué manera somos nosotros como Samuel cuando se trata de evaluarnos a nosotros mismos y a los demás para ser usados por Dios?

UN CRITERIO DIFERENTE: Incluso Samuel esperaba que uno de los hijos mayores de Isaí sería elegido por Dios, pero los primeros siete hijos de Isaí fueron excluidos de la consideración porque carecían de las cualidades que un rey piadoso necesitaba. Repase la lista de cualidades que son importantes para Dios y analice por qué es tan difícil desarrollar esas cualidades en nuestras vidas.

UN LLAMADO MÁS ALTO: Samuel estaba seguro de que entendía las instrucciones de Dios. De que Dios había seleccionado a uno de los hijos de Isaí para que fuera rey. El único hijo que Samuel no había visto era David, el menos probable de los ocho hermanos. ¿Qué hizo que Dios eligiera a David? David tenía cualidades que el ojo humano no podía ver. En el mundo de hoy, muchas personas gastan una gran cantidad de tiempo y dinero tratando de perfeccionar las cosas que son visibles. ¿Cuáles son algunas de las cosas que podemos hacer para fortalecer las cualidades internas que son importantes para Dios?

EN CONCRETO: Repase la lista de elementos en la pizarra y llame la atención sobre las cualidades que el hombre cree que son importantes. Analicen algunas formas de hacer que esas características sean menos importantes y las características de la segunda columna más. Termine con una oración pidiendo a Dios que les dé a todos los presentes la sabiduría para verse a sí mismos y a los demás desde la perspectiva de Dios.

GRUPO PEQUEÑO: SESIÓN 3

Objetivo de la lección: Descubrir cómo es fiel Dios con aquellos que confían en Él, le obedecen y se comprometen a vivir en obediencia a Él.

Antes de comenzar la sesión, lean el capítulo 3 de *Enfrente a sus gigantes*.

Enfoque bíblico: 1 Samuel 18:1-16

Contexto: Goliat estaba muerto. David se llevó su cabeza como recuerdo y prueba de que las burlas de Goliat se habían silenciado para siempre. Todo el pueblo estaba feliz; todo el pueblo, excepto Saúl. Cuando los filisteos abandonaron su campamento, los israelitas entraron y saquearon sus tiendas. Esta fue una razón más para celebrar el triunfo de David y una razón más para que la inseguridad consumiera a Saúl. Cuando David regresó al campamento israelita, Saúl le pidió que identificara a su padre.

COMIENZO: Que un voluntario lea en voz alta 1 Samuel 18:1-16. Tómese unos minutos para establecer el contexto de este pasaje.

DESCUBRIR LA VERDAD: Al repasar esta lección en la guía de estudio, use la información y las preguntas siguientes para ayudar a que la sesión sea aplicable a las vidas de las personas en la clase.

MISIÓN CUMPLIDA: Los filisteos habían sido un problema para los israelitas desde que habitaban Canaán. Deshacerse de la amenaza filistea era un deseo, pero —en la mente del pueblo— era algo imposible. Los filisteos eran guerreros superiores con armas excelentes y, además, tenían gigantes. Pelear con los filisteos era como poner a pelear a un chihuahua contra un gran danés. Si el gran danés gruñía, el chihuahua temblaba. La improbable victoria de David sobre Goliat fue motivo de gran celebración. ¿Qué improbables victorias espirituales ha experimentado usted? ¿En qué manera esas victorias han incidido en su fe en Dios?

UN MANÍACO CELOSO: Saúl no había querido ir a enfrentar a los filisteos, pero cuando Goliat murió, quiso recibir todo el crédito. En lugar de centrarse en la victoria colectiva, se enfocó en la pérdida personal. Lea 1 Samuel 18:6-9 y observe la actitud de Saúl hacia David. Pida a algunos voluntarios que resuman en una o dos palabras la actitud de Saúl. Escriba las respuestas en la pizarra. Cuando ocurre algo bueno, ¿por qué algunas personas celebran y otras se ponen celosas?

Desesperación irracional: 1 Samuel 18:12 dice que Saúl tenía miedo de David, pero este no representaba una amenaza física para aquel. David era una amenaza para el ego de Saúl y eso, para este, era una amenaza mucho más peligrosa. Por supuesto, David era el rey ungido de Dios, por lo que nada le iba a pasar aparte de lo que Dios permitiera. Dos veces en este pasaje vemos el comportamiento de David caracterizado de la misma manera. Que un voluntario lea en voz alta 1 Samuel 18:5 y 18:14. ¿Qué frase es común?

En concreto: Comportarse sabiamente significa actuar de manera congruente con el carácter de Dios. Parte del ciclo acción-consecuencia es comportarse sabiamente: Dios está con usted. Puede verlo de dos maneras. Porque Dios está con usted, se comporta sabiamente o se comporta sabiamente y Dios sigue estando con usted. La conclusión es que comportarse sabiamente está vinculado de manera directa con la relación de uno con Dios. Analicen las formas de descubrir la verdad sobre el carácter de Dios y las maneras de hacerlo realidad en la vida diaria. Oren, pidiéndole a Dios que les dé toda la sabiduría mientras buscan complacerlo cada día.

GRUPO PEQUEÑO: SESIÓN 4

OBJETIVO DE LA LECCIÓN: Darnos cuenta de cómo nos sostiene Dios incluso cuando estamos desesperados y comprometernos a confiar en Dios durante los buenos y los malos momentos.

Antes de comenzar la sesión, lean el capítulo 4 de *Enfrente a sus gigantes*.

Enfoque escritural: 1 Samuel 21:1-9

CONTEXTO: La lealtad de Jonatán a David excedió su fidelidad a Saúl. David sentía que Saúl buscaba matarlo; Jonatán no lo creía. De todos modos, idearon un plan que garantizara la seguridad de David. Ante la ausencia de David en la mesa del rey, Jonatán le explicó a su padre que había autorizado a David para que viajara a Belén a ofrecer un sacrificio con su familia. La verdad era que David se había ido al campo a esperar una señal de Jonatán que le permitiera escapar con vida. La noticia enfureció tanto a Saúl que le arrojó una lanza a su hijo. Esto fue una confirmación para Jonatán de que David estaba en gran peligro. Así que fue al campo y le dio a David la señal de que huyera. Después de despedirse de su amigo, David se dirigió a Nob, un pequeño pueblo en las afueras de Jerusalén ocupado por los sacerdotes que habían sido desplazados de Silo. Allí se encontró con Ajimélec, uno de los sacerdotes. Este, cuando vio llegar a David solo, levantó la bandera roja; le hizo algunas preguntas y David, para responder al sacerdote, decidió que decir la verdad era opcional.

COMIENZO: Que un voluntario lea en voz alta 1 Samuel 21:1-9. Tómese unos minutos para establecer el contexto de este pasaje.

DESCUBRIR LA VERDAD: Al repasar esta lección en la guía de estudio, use la información y las preguntas siguientes para ayudar a que la sesión sea aplicable a las vidas de las personas en la clase.

VERDADES ENCUBIERTAS: David huía por su vida, pero cuando Ajimélec lo confrontó, actuó como si todo estuviera bien; simplemente estaba llevando a cabo una misión de «máxima prioridad». Analicen cómo muchas veces la gente suele actuar como David cuando responden a la pregunta «¿Cómo estás?». ¿Qué impide que sean sinceros sobre sus circunstancias y sentimientos?

EL PEDIDO DE PAN: Aunque cierto pan estaba reservado solo para fines religiosos, David argumentó que el pan había sido reemplazado por pan fresco, por lo que ya no era pan consagrado. Ajimélec le dio el pan a David. David manipuló la ley para beneficio personal. ¿De qué manera nos sentimos tentados a manipular la Palabra de Dios para lograr propósitos egoístas?

UNA COSA MÁS: Este es el mismo David que derrotó a Goliat y le cortó la cabeza. La espada de Goliat se había convertido en propiedad de los sacerdotes de Nob. Aunque David, en el pasado, confiaba únicamente en Dios para derrotar a sus enemigos, ahora pedía un arma al sacerdote. David estuvo una vez en el valle y le gritó a Goliat que el poder de Dios era más fuerte que la espada que llevaba. Ahora David toma esa misma espada, diciendo «no hay otra como esta». Sin lugar a dudas, Dios habría satisfecho la necesidad de David sin que este mintiera. Dios conocía la verdad; ¡era David quien parecía tener un problema con eso! Cuando los tiempos se ponen difíciles, ¿a qué es probable que recurra antes de dirigirse a Dios? ¿Cuál sería el beneficio de volverse a Dios cuando se presentan los problemas?

EN CONCRETO: David perdió el enfoque. Cuando surgieron los problemas, se fue, mintió y languideció. Cuando salió de Jerusalén, dejó atrás más que la ciudad; dejó su total confianza en Dios. Una vez que dejó de depender de Dios, encontró que mentir era mucho más fácil. Una vez que comenzó a mentir, reinterpretó las instrucciones de Dios para beneficio personal. Una vez que redefinió la verdad, comenzó a confiar más en sí mismo que en Dios. Fue un círculo vicioso que no se limitó a David. Hoy en día, muchas personas todavía siguen el camino de David hacia la inutilidad.

Termine con una oración pidiendo a Dios que permita a su pueblo confiar más en Él cuando llegan las dificultades a la vida.

GRUPO PEQUEÑO: SESIÓN 5

OBJETIVO DE LA LECCIÓN: Descubrir la presencia de Dios en medio de las batallas personales y disponernos a descubrir el aliento de Dios en las personas que Él pone en nuestras vidas.

Antes de comenzar la sesión, lean el capítulo 5 de *Enfrente a sus gigantes*.

Enfoque escritural: 1 Samuel 21:10–22:5

CONTEXTO: Después de haber conseguido comida y un arma mediante la mentira, David se fue de Nob y se dirigió a Gat. Esta era una de las principales ciudades filisteas y había sido el hogar de Goliat y su familia. Debido a que limitaba con el territorio israelita, Gat había sido fundamental en el conflicto en curso entre los israelitas y los filisteos. Debido a que había dado muerte a Goliat, David sabía que allí no sería bienvenido como un héroe; más bien, estaba preocupado por su seguridad permaneciendo en la ciudad.

COMIENZO: Que un voluntario lea en voz alta 1 Samuel 21:10 a 22:5. Tómese unos minutos para establecer el contexto de este pasaje.

DESCUBRIR LA VERDAD: Al repasar esta lección en la guía de estudio, use la información y las preguntas siguientes para ayudar a que la sesión sea aplicable a las vidas de las personas en la clase.

FINGIR LOCURA: En el pasado, David había confiado en Dios para que lo sostuviera a través de las dificultades que venía enfrentando. Ahora, recurre a la mentira y al fingimiento para lograr sus objetivos. Se hizo pasar por loco, lo que llevó a que el rey Aquis ordenara que lo sacaran de su presencia. Eso le salvó la vida. ¿Cuáles fueron las opciones de David en esa situación? ¿Qué dice sobre su fe en Dios su «locura» al punto de fingirse loco? ¿De qué manera se siente tentado a resolver sus problemas con semejante ocurrencia de David en lugar de confiar en que Dios los resolverá?

DESCENSO VERTIGINOSO: David había visitado dos ciudades: Nob y Gat. En ambas tergiversó la verdad y huyó rápidamente. Su integridad se deslizaba cuesta abajo, por lo que —en ese descenso vertiginoso— se refugió en una cueva, un lugar donde no tendría a nadie a quien mentir. Su familia se enteró de que había establecido su campamento en la cueva y decidió reunirse con él allí. Y no solo fue su familia, sino que, además, cuanto inadaptado y rebelde que anduviera huyendo de Saúl y en busca de refugio. Justo cuando David se estaba preparando para una agradable escena de autocompasión, se encontró rodeado de gente como él.

Piense en un momento en que Dios haya utilizado sus experiencias para satisfacer las necesidades de alguien que atravesaba por una situación similar. ¿Cambió el enfoque de los demás hacia usted? Y si cambió, ¿cuál fue el resultado final que Dios trajo a su vida tanto para usted como para los demás?

RESTAURACIÓN: El historial de David en esta época de su vida estaba lejos de ser excelente. Había abandonado aquella fe vibrante en Dios que había puesto a Goliat en sus manos. Había abandonado la fe infantil que le permitía enfrentar osos mientras protegía sus ovejas. Se había olvidado por completo del historial de fidelidad y poder de Dios. Entonces Dios trajo a un profeta para que lo ayudara a volver a él. Gad le dijo que fuera a Judá y así lo hizo. Quizás estar cerca de una persona piadosa le recordó lo que era estar cerca de Dios. Sucediera lo que sucediera, David volvió a enfocarse en el plan de Dios, abandonó su búsqueda personal y comenzó a escuchar a Dios de nuevo.

Dios sabe cómo traer personas a nuestras vidas para que nos ayuden a reenfocarnos en lo que es importante. Piense en aquella ocasión en que se apartó de Dios. ¿A quién usó Dios para ayudarle a regresar a una relación correcta con Él? ¿Qué ha hecho a partir de entonces para mantener ese nivel de relación con Dios?

EN CONCRETO: Había sido un largo camino. Cuando David huyó, dejó atrás su dependencia de Dios y comenzó a tomar el asunto en sus propias manos. Cuanto más lo hacía, peor le iba. Buscando tiempo a solas, se encontró rodeado de gente como él, desesperada y huyendo. Tal vez usted está huyendo hoy. Es hora de dejar que todos los inadaptados de Dios se unan para lograr grandes cosas. Si Dios solo usara personas perfectas, ¡solo habría tenido una opción a lo largo de toda la historia! Termine con una oración pidiendo a Dios que les ayude a concentrarse en sus propósitos, especialmente cuando la situación parece desesperada.

GRUPO PEQUEÑO: SESIÓN 6

Objetivo de la lección: Descubrir la gracia de Dios y comprometernos a extenderla a todos con quienes nos encontremos.

Antes de comenzar la sesión, lean el capítulo 6 de *Enfrente a sus gigantes*.

Enfoque escritural: 1 Samuel 24:1-15

Contexto: Con Saúl tras sus huellas, David se mueve por todo el territorio en las afueras de Jerusalén. Se esconde en cuevas, colinas y ciudades, y reflexiona sobre qué habría hecho para merecer la ira de Saúl. Mientras tanto, Saúl se propone obtener información de todos los que pueda y está dispuesto a matar a cualquiera que siquiera sospechara de haber ayudado a David. David huye a Queilá, una ciudad fortificada que está siendo atacada por los filisteos. Dios le ordena que ayude a la gente de Queilá. Al principio, sus hombres rechazan la idea. Pero después de consultar con Dios por segunda vez, David y sus hombres entran a la batalla y derrotan a los filisteos; sin embargo, David no está seguro allí. Dios le advierte que Saúl está en camino y que la gente de Queilá está dispuesta a entregarlo a Saúl. Por tanto, David y sus hombres salen de la ciudad y se dirigen al desierto de Zif.

Los de Zif tampoco están dispuestos a ayudarlo. Dos veces le informan a Saúl dónde se esconde David. Como resultado, David y sus hombres huyen al desierto de Maón. Allí David se posiciona en un monte y Saúl en otro. David y sus hombres son superados en número. El ejército de Saúl comienza a rodear el campamento de David encerrándolo en la montaña. Las cosas parecen desesperadas. Al final de 1 Samuel 23, un mensajero le informa a Saúl que los filisteos los han invadido, por lo que suspende la persecución de David para defender a la nación contra los filisteos. Con la atención de Saúl desviada, David y sus hombres escapan a Engadi en la costa occidental del Mar Muerto.

COMIENZO: Que un voluntario lea en voz alta 1 Samuel 24:1-15. Tómese unos minutos para establecer el contexto de este pasaje.

DESCUBRIR LA VERDAD: Al repasar esta lección en la guía de estudio, use la información y las preguntas siguientes para ayudar a que la sesión sea aplicable a las vidas de las personas en la clase.

BÚSQUEDA INCESANTE: Saúl no está dispuesto a darse por vencido. Ha perseguido a David hasta Engadi al norte de

Masada, a lo largo de la costa occidental del Mar Muerto. La Biblia describe en detalle los eventos que suceden entonces. David y sus hombres buscan seguridad en una cueva, la misma a la que ha entrado Saúl para «hacer sus necesidades». Es la oportunidad de David para poner fin al reinado de Saúl y hacerse del trono. Saúl está solo, sin percatarse de la presencia de David. El perseguidor se convierte en perseguido... o eso parece.

Que algunos voluntarios describan la ocasión en que Dios les ha dado la oportunidad de vengarse de alguien que haya sido fuente de dolor y dificultad en sus vidas. ¿Cómo respondieron?

GRACIA INCESANTE: Los hombres de David lo alientan para que ataque a Saúl, pero David se niega a hacerlo. En vez de eso, corta un pedazo de la túnica de Saúl y se lo guarda. Si alguien tenía una razón para estar furioso, ese era David. Sin embargo, cuando Saúl sale de la cueva, David lo llama por su nombre, le muestra el trozo de la túnica que le había cortado y le dice: «Si yo fuera tan malo como tú, ahora mismo estarías muerto». Fue una llamada de atención para Saúl. Comprendió cuán misericordioso había sido David a pesar de lo malo que había sido él.

Pida que algunos voluntarios compartan las veces que han recibido una gracia inmerecida. ¿Cómo les hizo sentir ese hecho?

A menudo, la gracia no se manifiesta sino hasta después que ocurren los hechos. A veces decimos: «Pudo haber ocurrido esto, pero en cambio ocurrió esto otro». Si el resultado final fue mejor que la posibilidad original, tuvo lugar la gracia. Por supuesto, la máxima expresión de la gracia vino en la forma de Jesucristo que murió para que usted y yo no tengamos que pagar la pena por nuestro pecado. Yo podría haber pasado la eternidad separado de Dios en un lugar real llamado infierno, pero en cambio, le pedí a Jesucristo que fuera mi Salvador personal para pasar la eternidad en el cielo. ¡Ese es el máximo ejemplo de gracia!

UN CAMBIO DE CORAZÓN: Saúl comprendió la gracia cuando la experimentó en carne propia. Por lo general, la gracia conduce a un cambio de corazón. Uno no puede encontrarse con el amor de Dios y marcharse sin cambios. Se endurecerá y se apartará de Dios o será atraído hacia Él. Saúl se sintió atraído por Dios y cambió. No solo renunció a perseguir a David, sino que también le pidió misericordia cuando se convirtió en rey. ¡Solo Dios puede lograr cambios como ese! Pregúnteles a los integrantes de su grupo de qué manera han experimentado un cambio motivado por el amor de Dios. ¿Cómo afecta nuestra relación con Dios la forma en que nos relacionamos con otras personas?

EN CONCRETO: David luchó como todos nosotros. Tuvo momentos de brillantez espiritual con su contraparte en etapas de control egoísta. Al final, su comprensión de la gracia le permitió mostrar misericordia a su adversario y, como resultado, cambiar la vida de ese adversario para siempre. Terminen con una oración pidiéndole a Dios que les ayude a mostrar gracia y misericordia a aquellos que buscan hacerles daño para que puedan ver el amor de Dios de una manera nueva.

GRUPO PEQUEÑO: SESIÓN 7

OBJETIVO DE LA LECCIÓN: Descubrir cómo nuestro compromiso con Dios puede vencer el egocentrismo de los demás.

Antes de comenzar la sesión, lean el capítulo 7 de *Enfrente a sus gigantes*

Enfoque escritural: 1 Samuel 25:14-38

CONTEXTO: Una vez establecido el acuerdo entre Saúl y David por el cual este respetaría las vidas de los descendientes de aquel, Saúl se fue a su casa y David regresó a su fortaleza al sur de Engadi desde donde salieron él y sus hombres hacia el desierto de Parán. Allí Nabal, cuyo nombre significa «necio», entra en la vida de David. ¡Tan necio era que llevó la egolatría a un nuevo nivel! Tenía todo lo que se suponía podría hacer de él una persona importante; sin embargo, lo que en realidad tenía a su favor era su esposa, Abigail. Abigail era hermosa y tenía un buen juicio. (En aquellos tiempos, los matrimonios eran concertados entre los padres más que entre los contrayentes).

David y sus hombres habían protegido a los siervos de Nabal y todos los respetaban, excepto Nabal. Nabal no tenía respeto por nadie más que por sí mismo. Un día, planeó una fiesta y comenzó a hacer los preparativos. David se enteró y envió a diez hombres a pedirle ayuda en comida para su gente. Nabal no solo dijo que no, sino que además se mostró irrespetuoso con David por la forma en que había protegido a sus siervos. Cuando los enviados de David regresaron con la respuesta de Nabal, David no se alegró mucho. Organizó dos tercios de sus hombres, dejando doscientos para proteger los suministros, y partió para encargarse de Nabal.

COMIENZO: Que uno o más voluntarios lean en voz alta 1 Samuel 25:14-38. Tómese unos minutos para establecer el contexto de este pasaje.

DESCUBRIR LA VERDAD: Al repasar esta lección en la guía de estudio, use la información y las preguntas siguientes para ayudar a que la sesión sea aplicable a las vidas de las personas en la clase.

PELIGRO EN EL HORIZONTE: David no tenía ninguna duda de que él y su gente podrían derrotar fácilmente a Nabal y sus hombres. Al parecer, Abigail, la esposa de Nabal, estaba de acuerdo con David. Habiendo sido informada del plan de David para matar a Nabal, Abigail reunió la comida que David necesitaba, la cargó en mulas y salió a su encuentro. Piense en la ocasión cuando aceptó a Cristo como su Señor y Salvador. ¿Qué peligros evitó? ¿Cómo se sintió después de su experiencia de salvación?

UNA INTERVENCIÓN OPORTUNA: Con doscientas hogazas de pan, dos odres de vino, cinco ovejas listas para asar, cereales, pasas y tortas de higos, Abigail se encuentra con David y sus hombres. Estos, que habrían pasado mucho tiempo en la montaña, seguramente no habían visto a muchas mujeres como Abigail. Su belleza los detuvo en seco. ¿Qué ha usado Dios para detenerlo a usted en seco? ¿Qué peligros se evitaron cuando se detuvo en seco?

Cuando Abigail se encontró con David, asumió una actitud de humildad; rogándole que le permitiera a ella recibir el castigo por el comportamiento de su esposo. Abigail estaba viendo la situación con ojos espirituales; le recordó a David que una vez lo habían perseguido y Dios lo había librado de la espada del perseguidor, el rey Saúl.

Es fácil ver las cosas desde una sola perspectiva. Cuando era él el perseguido, se preguntaba por qué. Ahora estaba persiguiendo a un hombre que de lo único que se preocupaba era de su gratificación personal. Fue necesario que Abigail le recordara los planes que Dios tenía para él.

SENTENCIA ANUNCIADA: David escuchó a Abigail y aceptó que había estado a punto de cometer un gran error. Le permitió a Abigail que regresara a su casa mientras él y sus hombres se volvieron con las provisiones que Abigail les había llevado. Pero la historia no termina ahí. Cuando Abigail se reencontró con su esposo y le dijo que acababan de salvarle la vida, Nabal sufrió un ataque al corazón y murió. Su muerte le fue atribuida a Dios, no a David.

Tomar el lugar de Dios puede ser peligroso. Finalmente, Nabal estaba muerto. Pero David no se había manchado las manos con su sangre. Cuando las cosas se dejan en manos de Dios, generalmente se vuelven menos complicadas. ¿De qué maneras se ha visto tentado a tomar el control y hacer por Dios lo que Él podría hacer en su propio tiempo? ¿Cuál fue el resultado de sus acciones?

EN CONCRETO: De acuerdo con la ley, David pudo haber tenido el derecho de dar muerte a Nabal. Sin embargo, Dios usó a Abigail para detenerlo. Cuando nos enfilamos hacia la desobediencia, a menudo Dios pone a alguien en nuestro camino para que nos redirija y nos haga entrar en razón. Oren, agradeciendo a Dios por la intervención que trae a nuestras vidas y pídanle sabiduría para escuchar a los que Él está usando para guiarnos.

GRUPO PEQUEÑO: SESIÓN 8

OBJETIVO DE LA LECCIÓN: Aprender a identificar las señales de advertencia del cansancio espiritual y comprometernos a un enfoque efectivo en la relación con Dios.

Antes de comenzar la sesión, lean el capítulo 8 de *Enfrente a sus gigantes*.

Enfoque escritural: 1 Samuel 27:1-4; 30:1-6

CONTEXTO: Al enterarse de lo cercano que había estado David, Nabal sufrió un infarto que le provocó la muerte, dejando viuda a la hermosa e inteligente Abigail. Entonces David le propuso matrimonio y también a Ajinoán, tomando a ambas mujeres por esposas. Antes de eso, David le había perdonado la vida a Saúl en la cueva y, como resultado, Saúl había dejado de perseguirlo, con lo que David se sentía a salvo. Pero las personas ególatras rara vez dejan de hostigar a quienes ven como una amenaza. Cuando le dijeron a Saúl que David estaba en el desierto de Zif, fue allí y reanudó su persecución. Sospechando que Saúl había vuelto, David envió espías para asegurarse de que era cierto el rumor que le había llegado. Al regresar, los espías confirmaron sus sospechas. David entonces, al amparo de la oscuridad, fue al campamento de Saúl, le sustrajo su lanza y una jarra con agua pero le respetó la vida. De nuevo, estaba dando pruebas tangibles de su actitud de misericordia para con Saúl. Otra vez, Saúl se arrepiente y regresa a casa. Pero David no está convencido de haber visto el final de esa historia. Cansado de andar huyendo, toma una serie de malas decisiones, comenzando con la de buscar refugio con los filisteos.

COMIENZO: Que uno o más voluntarios lean en voz alta 1 Samuel 27:1-4 y 1 Samuel 30:1-6. Tómese unos minutos para establecer el contexto de estos pasajes.

DESCUBRIR LA VERDAD: Al repasar esta lección en la guía de estudio, use la información y las preguntas siguientes para ayudar a que la sesión sea aplicable a las vidas de las personas en la clase.

UNA LEALTAD PELIGROSA: Perdida la esperanza y como para escapar de la persecución de Saúl de una vez por todas, David hizo una pésima decisión: unirse a los enemigos de Israel. Los filisteos eran el pueblo hostil número uno, pero eso no impidió que David corriera hacia ellos. Al perder de vista la perspectiva de Dios y pese a haber sido testigo directo del poder de Dios por sobre sus circunstancias, David tomó decisiones basadas en su punto de vista personal. Describa un momento en el que perdió de vista la perspectiva de Dios y cometió el error de confiar en su propio juicio. ¿Cuál fue el resultado de esa situación?

UN ATAQUE POR SORPRESA: Con David y sus hombres en Afec preparándose para la batalla contra los israelitas, su campamento base en Siclag se volvió vulnerable. Los amalecitas cayeron sobre ella, la quemaron y se llevaron cautivas a todas las mujeres y niños. Mientras tanto, David y sus hombres eran expulsados por los líderes filisteos y enviados de vuelta a casa.

La fuga de David hacia el enemigo fue trágica para su hogar y su familia. Lo mismo es cierto hoy. Su escape será evidente en su hogar. Mientras su atención se vuelve errática, alguien o algo se infiltrará y causará estragos en aquellos que dice que son lo más importante de su vida. Como David, es posible que no se dé cuenta del peligro hasta que sea demasiado tarde.

¿Cuáles son algunas de las cosas que se han vuelto más importantes para usted que su familia? ¿Qué enemigo desconocido está entrando en su casa mientras juega al ejército con su enemigo?

David perdió la esperanza y, como resultado, perdió su hogar, su familia y su reputación. Incluso sus propios hombres planearon matarlo debido a las pérdidas que habían sufrido cuando los amalecitas atacaron Siclag.

UNA DECISIÓN CORRECTA: Perder la esperanza y decidir hacer algo que violaba su llamado fue el comienzo de una espiral descendente para David. De haber sabido lo que ocurriría al asociarse con los filisteos, probablemente habría reconsiderado su decisión. Deshacer el daño fue imposible. La tragedia personal a menudo conduce a la renovación espiritual. Eso es lo que pasó con David. Con su familia en cautiverio, su casa incendiada y sus hombres amenazando con matarlo, David acudió a Dios y se fortaleció. ¿Qué tan mala tiene que volverse su vida antes de que se vuelva a Dios? ¿Qué tendría que perder antes de ponerse desnudo ante él y pedirle perdón y misericordia? ¿Qué está perdiendo ahora mismo al desviar su atención de Dios?

EN CONCRETO: ¿Podría haberse evitado la crisis de David? ¿Podrán evitarse sus crisis futuras con un enfoque continuo en Dios? No podemos estar seguros. A veces, Dios usa situaciones negativas en nuestras vidas para ayudar a otros a ver su poder. En otras ocasiones, simplemente debemos vivir las consecuencias de nuestras malas decisiones. Oren, pidiendo a Dios sabiduría y discernimiento para que las decisiones que tomen estén de acuerdo con sus deseos para sus vidas.

GRUPOS PEQUEÑOS: SESIÓN 9

OBJETIVO DE LA LECCIÓN: Desarrollar una conciencia de la providencia de Dios y comprometernos a honrar a los demás de acuerdo con la actitud de Dios hacia nosotros.

Antes de comenzar la sesión, lean el capítulo 9 de *Enfrente a sus gigantes*.

Enfoque bíblico: 1 Samuel 30:7-25

CONTEXTO: Después de ser expulsados del ejército filisteo, David y sus hombres regresaron a su base en Siclag solo para descubrir que los amalecitas habían asaltado la ciudad, saqueándola, llevándose cautivos a las mujeres y a los niños, y prendiéndole fuego a lo que quedaba. Entre las cautivas estaban Abigail y Ajinoán, las esposas de David. Ante tamaña desgracia, los hombres de David buscaron a alguien a quien culpar y no miraron más allá de David. Este miró a Dios y dijo (expresión mía): «¿Y esto?».

Entonces llamó al sacerdote Abiatar, hijo del sacerdote Ajimélec a quien Saúl había mandado matar. Usando el efod (una vestimenta santa que se usa cuando se busca una palabra de Dios), David le preguntó a Dios si debía perseguir a los amalecitas. Dios le dijo que los persiguiera y que recuperaría a todos y todo lo que se habían llevado. Así que David y sus hombres persiguieron a los amalecitas, aunque no estaban seguros de qué dirección habían tomado. Su primera parada fue a unos veintidós kilómetros al sur del arroyo de Besor. Allí, doscientos de sus hombres decidieron quedarse a descansar, mientras que los otros cuatrocientos continuaron tras los amalecitas. Con la ayuda de un esclavo egipcio que encontraron en el camino, localizaron a los amalecitas y los derrotaron recuperando todo lo que se habían llevado, tal como Dios lo había prometido.

COMIENZO: Que uno o más voluntarios lean en voz alta 1 Samuel 30:7-25. Tómese unos minutos para establecer el contexto de este pasaje.

DESCUBRIR LA VERDAD: Al repasar esta lección en la guía de estudio, use la información y las preguntas siguientes para ayudar a que la sesión sea aplicable a las vidas de las personas en la clase.

POR FIN, OBEDIENCIA: El historial de David había dejado mucho que desear. Había tomado los problemas en sus propias manos dando origen a un gran lío. Con su familia en cautiverio, su ejército al borde del motín y su hogar reducido a cenizas, por fin David se volvió a Dios.

¿Qué fue lo último que le pasó que lo obligó a recurrir a Dios en medio de la desesperación?

Una vez que David tuvo las instrucciones de Dios, reunió a su ejército e hizo lo que Dios le dijo. ¿Qué hizo que seguir a Dios esta vez fuera una elección tan fácil para David? ¿Qué le motiva a escuchar las instrucciones de Dios?

UN EJÉRCITO DIVIDIDO: A unos veintidós kilómetros al sur de Siclag estaba el arroyo de Besor. David y sus hombres se detuvieron allí para descansar. Cuando se dispusieron a continuar la persecución, un tercio de ellos se negó a seguir. Quedarse descansando junto al arroyo era demasiado tentador. ¿Ha estado en una posición de liderazgo y ha decidido tomarse un tiempo libre para descansar? ¿Cuánto tiempo lleva descansando? ¿Está haciendo lo que quiere hacer o descansa por obediencia a Dios?

En lugar de obligar a los soldados a marchar, David decidió seguir con los que estaban dispuestos a pelear; localizó a los amalecitas, los derrotó y recuperó a las personas y las propiedades que les pertenecían. ¿Pudo haber sido más fácil la batalla con los seiscientos hombres? Probablemente. ¿Se vio afectado el resultado prometido por Dios porque algunos hombres se negaron a luchar? ¡No!

Los que estaban descansando se perdieron el gozo de la victoria. Seguro que se enteraron, pero no estaban allí para ver las caras de los miembros de su familia cuando fueron rescatados. No estaban allí para presenciar la actividad de Dios de primera mano. Para ellos, la victoria fue solo una historia.

¿Sobrevalora su importancia en la obra de Dios? Dios cumplirá sus propósitos con dos tercios de la gente disponible y, al final, son aquellos que están involucrados en lo que Dios está haciendo los que serán testigos directos de su poder.

VICTORIA COLECTIVA: Cuatrocientos hombres fueron a la batalla y doscientos se quedaron en el arroyo. ¿Quiénes ganaron? En lo que respecta a David, ¡todos ganaron! David vio la batalla como la batalla de Dios y la victoria como la victoria de Dios.

Pero los hombres que pelearon pensaban diferente. Pensaban que los que se habían quedado en el arroyo no eran dignos del botín de la victoria.

En su propia actitud hacia los que se quedaron «echados junto al arroyo», ¿se identifica mejor con los hombres de David o con David? Dé razones.

David revistió de dignidad a los hombres que se habían quedado cuidando los suministros. Para él, su trabajo estuvo «tras bastidores». Su criterio era que cuando Dios gana, todo su pueblo gana, no solo aquellos guerreros que están en primera línea.

¿De qué manera está honrando y animando a las personas que sirven «tras bastidores» en sus lugares de trabajo o en la iglesia?

EN CONCRETO: Muchos están en primera línea desempeñando papeles clave en las cosas que Dios está haciendo. Otros han sentado las bases para el trabajo que sigue y les corresponde descansar. Incluso hay otros que se contentan con dejar que los demás hagan el trabajo mientras se sientan junto al arroyo de forma permanente.

Oren y pídanle a Dios que les ayude a entender cuál es su posición en el trabajo y que les ayude a comprometerse a hacer lo que sea que Él les pida.

GRUPO PEQUEÑO: SESIÓN 10

OBJETIVO DE LA LECCIÓN: Descubrir en qué manera nos afectan las aflicciones, y comprometernos a confiar en Dios en tiempos de dolor.

Antes de comenzar la sesión, lean el capítulo 10 de *Enfrente a sus gigantes*.

Enfoque escritural: 2 Samuel 1:4-12.

CONTEXTO: La última vez que nos encontramos con los filisteos y los israelitas, estaban preparándose para la batalla. Fue durante ese tiempo que David y sus hombres, excluidos del ejército filisteo, se dirigieron a Siclag, para encontrarse con el desastre dejado por los amalecitas después de haberla tomado por asalto. Retomemos ahora la historia de la batalla. Los filisteos capturaron a la mayoría del ejército israelita en el monte Guilboa y continuaron persiguiendo a Saúl y sus hijos. Hemos escuchado mucho acerca de Jonatán, pero Saúl también tuvo otros tres hijos: Abinadab,

Malquisúa e Isboset. Aparentemente, Isboset no estaba en compañía de Saúl y sus otros hijos porque después de la muerte de los demás, fue declarado rey. Los filisteos ya habían matado a los tres hijos de Saúl que estaban con él, incluido Jonatán, y Saúl resultó herido en la batalla.

Al verse perdido, Saúl le ordenó a su escudero que lo matara, pero el escudero se negó a hacerlo. Entonces Saúl se echó sobre su espada ocasionándose su propia muerte. Los israelitas que habían quedado vivos huyeron y los filisteos tomaron el control del territorio. Los hombres de Jabes de Galaad recuperaron los cuerpos de Saúl y sus hijos y los enterraron en Jabes.

COMIENZO: Que uno o más voluntarios lean en voz alta 2 Samuel 1:4-12. Tómese unos minutos para establecer el contexto de este pasaje.

DESCUBRIR LA VERDAD: Al repasar esta lección en la guía de estudio, use la información y las preguntas siguientes para ayudar a que la sesión sea aplicable a las vidas de las personas en la clase.

UNA PREOCUPACIÓN SINCERA: David tenía toda la razón para apartar a Saúl de su mente. Saúl le había mentido, había tratado de matarlo y había sido una fuente de problemas durante más tiempo del que David quería recordar. ¿Y Jonatán? Hacía tiempo que no lo veía; sinceramente, tenía cosas más importantes de qué ocuparse; sin embargo, siempre tuvo una preocupación genuina por el rey y por su amigo.

¿A quién sigue trayendo Dios a su mente? ¿Cómo puede mostrar preocupación por esa persona, así como David estuvo preocupado por Saúl y Jonatán?

David no buscaba malas noticias; francamente deseaba que Saúl y Jonatán estuvieran vivos. Después de todo lo que Saúl le había hecho, David todavía lo respetaba como el líder elegido por Dios. ¿Cuál debería ser su actitud hacia los líderes que Dios coloca en su vida?

LA HORRIBLE VERDAD: El mensajero amalecita no solo trajo malas noticias, sino que tenía pruebas de que estaba diciendo la verdad. Saúl y Jonatán habían muerto, los israelitas se habían desbandado y los filisteos habían vencido. ¡Bienvenido a tu reino, David! Cuando llegan malas noticias, ¿cuál es su actitud hacia Dios y hacia otras personas?

David no quería creer lo que estaba oyendo, pero no tenía otra opción. Saúl nunca más lo perseguiría, pero él encontró poco consuelo en ese hecho.

LA REACCIÓN SINCERA: David entró en un período de duelo por Saúl, Jonatán y la nación. Vio las cosas de manera diferente. No se trataba solo de él. Compuso un poema sobre la ocasión y dio órdenes para que se enseñara a todas las generaciones.

¿Esconde usted sus sentimientos sobre las cosas que le importan a Dios? ¿Lamenta las cosas que Dios lamenta, desprecia las cosas que Él desprecia y ama las cosas que Él ama? Si no es así, debería evaluar cuidadosamente su relación con Él. En lugar de convertir a Dios en algo con lo que se sienta cómodo, es hora de convertirlo en algo que se parezca cada vez más a Dios.

EN CONCRETO: El dolor y el duelo son parte de la vida. Es una de esas cosas a través de la que tenemos que pasar. Esa es la clave: ¡a través! El dolor no es un destino final. No es un lugar en el que debamos asentarnos. Es una condición temporal relacionada con una verdad terrenal. Oren para que Dios los fortalezca a través de su dolor y les permita ser usados para ministrar a aquellos que están afligidos.

GRUPO PEQUEÑO: SESIÓN 11

OBJETIVO DE LA LECCIÓN: Descubrir cómo aconseja Dios a sus seguidores y comprometernos a consultar a Dios en tiempos de decisión.

Antes de comenzar la sesión, lean el capítulo 11 de *Enfrente a sus gigantes*.

Enfoque escritural: 2 Samuel 2:1-7

CONTEXTO: Con Saúl y Jonatán muertos, David reflexionó sobre su futuro. Después de todo, había pasado mucho tiempo huyendo de Saúl, por lo que su carrera nunca había tomado forma. Posiblemente pensó en aquel día en Belén cuando fue seleccionado entre sus hermanos para ser el rey. Y cuando fue ungido por Samuel. Quizás haya reflexionado sobre todo lo que le habían dicho. Pero quería estar seguro; de modo que terminó su período de duelo y buscó la dirección de Dios para su vida.

COMIENZO: Que un voluntario lea en voz alta 2 Samuel 2:1-7. Tómese unos minutos para establecer el contexto de este pasaje.

DESCUBRIR LA VERDAD: Al repasar esta lección en la guía de estudio, use la información y las preguntas siguientes para ayudar a que la sesión sea aplicable a las vidas de las personas en la clase.

¿QUÉ TENGO QUE HACER? Como lo había hecho otras veces, David acudió a Dios y le preguntó qué debía hacer. Dios lo mandó a Hebrón, una ciudad a treinta kilómetros al sur de Jerusalén. Por su ubicación, sería una capital segura para establecer allí su reinado. ¿Cómo podría saber usted lo que Dios quiere que haga? ¿Ha limitado alguna vez las opciones a solo aquellas cosas que le gustaría hacer? ¿Por qué?

OBEDIENCIA INMEDIATA: David no lo dejó para después. Sin demora, reunió a sus esposas, a sus hombres y se dirigió a donde Dios le había dicho que fuera. Y se establecieron allí. ¿Cuáles son algunas de las cosas que cree que Dios quiere que haga pero que ha venido postergando? ¿Por qué retrasa su obediencia?

EL PLAN DE DIOS SE CUMPLE: El ungimiento de David como rey sobre Judá no debería haber sido una sorpresa. Ya se le había dicho que iba a ser rey. Dios tiene una manera de cumplir sus promesas aun cuando nosotros no cumplamos las nuestras. ¿Puede identificar algo que Dios está haciendo en su vida ahora mismo que demuestre su amor y compasión por usted?

En concreto: Las decisiones que se toman después de consultar y obedecer a Dios nunca son malas. Oren para que Dios les dé a conocer su voluntad a través de su Palabra, su pueblo y su Espíritu.

GRUPO PEQUEÑO: SESIÓN 12

OBJETIVO DE LA LECCIÓN: Descubrir nuestras fortalezas y comprometernos a confiar en Dios para vencerlas.

Antes de comenzar la sesión, lean el capítulo 12 de *Enfrente a sus gigantes*.

Enfoque bíblico: 2 Samuel 5:1-12

CONTEXTO: Pasaron muchas cosas entre 2 Samuel 2 y 2 Samuel 5. Si quiere, puede volver atrás y leer los detalles, pero aquí encontrará un breve resumen. David tenía su asiento en Hebrón, pero la ubicación no era adecuada como centro de un Israel unificado. A través de una serie de conflictos, la nación se fue unificando cada vez más. Finalmente, David reina sobre todo Israel. Aun así, no tenía el control de Jerusalén.

COMIENZO: Que un voluntario lea en voz alta 2 Samuel 5:1-12. Tómese unos minutos para establecer el contexto de este pasaje.

DESCUBRIR LA VERDAD: Al repasar esta lección en la guía de estudio, use la información y las preguntas siguientes para ayudar a que la sesión sea aplicable a las vidas de las personas en la clase.

UNA MOVIDA AUDAZ: David desafió a los jebuseos y comenzó a tomar el control de Jerusalén. La gente decía que no lo lograría, pero estaban equivocados. David, con la protección de Dios, hizo de Jerusalén la capital de la nación unificada. Describa un momento en el que Dios superó sus dudas y logró para usted algo que creía imposible.

UN PROYECTO DE CONSTRUCCIÓN: Una fortaleza generalmente tiene connotaciones negativas, pero la fortaleza de David representaba protección contra fuerzas externas. ¿Cómo se protege a sí mismo y a su familia de los peligros del mundo? ¿Reconoce el peligro o se cree invencible?

UN RESULTADO IMPOSIBLE: Cuando David tomó Jerusalén, su control se fortaleció. Tuvo hijos con concubinas de Jerusalén y finalmente hizo lo que los jebuseos dijeron que no se podía hacer: gobernar a Israel desde dentro de los muros de Jerusalén: ¡la ciudad de David! ¿Cómo está haciendo Dios una diferencia en su vida? ¿Qué podría estar logrando en y a través de las cosas en las que está involucrado?

EN CONCRETO: Las fortalezas pueden atraparlos. Oren para que Dios los haga conscientes de las fortalezas a las que son vulnerables y les dé la fuerza para vencerlas.

GRUPO PEQUEÑO: SESIÓN 13

OBJETIVO DE LA LECCIÓN: Descubrir cómo hemos hecho ordinario lo que Dios quiere que sea extraordinario y comprometernos a celebrar la presencia de Dios.

Antes de comenzar la sesión, lean el capítulo 13 de *Enfrente a sus gigantes*.

Enfoque escritural: 2 Samuel 6:1-19

CONTEXTO: El arca del pacto era una caja que contenía los Diez Mandamientos y representaba la presencia de Dios con los israelitas. Antes de la época de David, el arca había sido capturada por los filisteos, pero finalmente se deshicieron de ella debido a las cosas malas que acompañaban a su posesión. Cuando David decidió su recuperación y traslado al templo de Jerusalén, estaba al cuidado de Abinadab y sus hijos. Había reglas estrictas asociadas con el manejo del arca, reglas ignoradas por David y su gente en el primer intento de moverla. Una de esas reglas era que nunca debía ser transportada en un carro; sin embargo, estaba en un carro cuando los bueyes tropezaron. Otra era que nadie podía tocarla, pero cuando los bueyes tropezaron, Uza la tocó y allí mismo cayó muerto.

COMIENZO: Que un voluntario lea en voz alta 2 Samuel 6:1-19. Tómese unos minutos para establecer el contexto de este pasaje.

DESCUBRIR LA VERDAD: Al repasar esta lección en la guía de estudio, use la información y las preguntas siguientes para ayudar a que la sesión sea aplicable a las vidas de las personas en la clase.

RESPETO MENOSCABADO: Si David conocía las reglas para mover el arca, las ignoró. Si no lo sabía, debería haberlo consultado con alguien antes de emprender un proceso tan importante con tanto descuido. Cuando se trata de Dios, es preferible errar por un respeto excesivo que por un respeto muy escaso. Si la presencia de Dios llegara a su iglesia o a su casa, ¿cómo respondería? ¿Estaría aburrido, esperaría que el servicio terminara pronto, se asombraría o haría algo más?

RESULTADOS TRÁGICOS: La desobediencia a Dios tiene consecuencias. Punto. El descuido con el que se movió el arca, incluida la violación de las instrucciones específicas de Dios al respecto, le costó la vida a Uza y puso fin a la fiesta. El pueblo de Dios debía saber que no debe tomar livianamente la presencia de Dios. ¿De qué manera sufren las personas y las iglesias cuando no le dan a Dios el respeto que demanda? ¿Por qué Dios espera tanto respeto de su pueblo?

CELEBRACIÓN VICTORIOSA: Finalmente, David lo hizo bien y, tres meses después, regresó con sacerdotes y unas varas para mover el arca de acuerdo con las instrucciones de Dios. El regreso a Jerusalén fue motivo de una gran celebración encabezada por David danzando por las calles. ¿En qué áreas de su vida está ignorando las instrucciones de Dios? ¿Cuál cree que es la respuesta de Dios a su rebelión voluntaria?

EN CONCRETO: Dios está tan distante como lo hacemos distante nosotros. A través de la desobediencia y la rebelión, levantamos un muro que nos separa de Dios. Oren para que les ayude a comprender cómo deben responder a su presencia y les haga conscientes de las áreas que han puesto fuera de su alcance.

GRUPO PEQUEÑO: SESIÓN 14

Objetivo de la lección: Descubrir cómo cumple Dios sus promesas y proponernos cumplir las que les hacemos a Él y a nuestro prójimo.

Antes de comenzar la sesión, lean el capítulo 14 de *Enfrente a sus gigantes*.

Enfoque bíblico: 2 Samuel 9:1-13

Contexto: Justo antes de que David comenzara a huir de Saúl, tuvo una conversación con Jonatán en la que le prometió ser bondadoso con él y con su familia. La promesa no tenía fecha de vencimiento, sino que tenía carácter de permanente. Por supuesto, David no tenía idea de cuáles serían las implicaciones de la promesa. Simplemente la hizo con la intención de cumplirla. Cuando su vida se hubo asentado, tuvo la oportunidad de reflexionar sobre su accidentado trayecto desde el campo hasta el trono. Y recordó su promesa a Jonatán. Si hubiese querido, le habría sido fácil eludir esa responsabilidad, pero no lo hizo. Más bien buscó la forma de cumplirla.

Mefiboset era hijo de Jonatán. Había nacido sano, pero quedó invalido cuando a la criada que lo llevaba en sus brazos se le cayó mientras huía precipitadamente alejándose de la batalla donde Jonatán, su padre, y Saúl, su abuelo, perdieron la vida. Lo llevaron a la casa de Maquir en Lodebar y allí lo cuidaban.

COMIENZO: Que un voluntario lea en voz alta 2 Samuel 9:1-13. Tómese unos minutos para establecer el contexto de este pasaje.

DESCUBRIR LA VERDAD: Al repasar esta lección en la guía de estudio, use la información y las preguntas siguientes para ayudar a que la sesión sea aplicable a las vidas de las personas en la clase.

UNA PROMESA NO OLVIDADA: Es posible que nadie más que David haya sabido de la promesa que hizo a Jonatán. Ahora, David era el rey y, por lo tanto, no tenía ninguna obligación de hacer lo que no quisiera. Sin embargo, respetaba su palabra, así que preguntó acerca de la existencia de un descendiente de Jonatán. ¿Qué hace usted cuando recuerda las promesas que ha hecho? ¿Busca formas de cumplirlas o de olvidarlas? ¿Qué promesas ha hecho que no ha cumplido?

UNA PROMESA EN ACCIÓN: Recordar una promesa que hicimos es una cosa; cumplirla, es otra. A veces nos tranquilizamos hablando a otros de nuestras promesas a la vez que nos desentendemos de las oportunidades de hacer lo que dijimos que haríamos. David no se quedó en recuerdos, sino que entró en acción; hizo más que mirar alrededor de la habitación y decir: «¡No veo a ningún miembro de la familia de Jonatán!». Más bien hizo un esfuerzo por localizar a alguien que pudiera decirle si le quedaba algún sobreviviente a su amigo. ¿Cuánto esfuerzo está poniendo para cumplir las promesas que les ha hecho a Dios, a su cónyuge, a su familia, a su jefe, a sus amigos, a su iglesia? ¿Por qué cree que es más fácil hablar de sus promesas que cumplirlas?

UNA PROMESA POR CUMPLIR: La integridad moral de David no le habría permitido ignorar la promesa que le había hecho a Jonatán. Su integridad (o la falta de ella) determina sus respuestas a las promesas que ha hecho. Tenemos un ejemplo en Dios: Él cumple sus promesas aun cuando no las merecemos. Cuando aceptó a Cristo como su Señor y Salvador, se le prometió la vida eterna en el cielo. Hoy vive con esa promesa que le recuerda que las cosas malas de la vida son solo temporales.

Hay algunas promesas que espera que otros le cumplan a usted y hay las que se espera que usted les cumpla a otros. ¿Cuáles son algunas de las cosas que puede hacer para que le sea más fácil cumplir las promesas que les ha hecho a Dios y a otras personas?

EN CONCRETO: Dios es fiel. Nuestro sentido de fidelidad nunca podría compararse con la fidelidad de Dios; no obstante, nunca debemos dejar de intentarlo. Oren para que Dios les ayude a recordar sus promesas y les dé el valor para actuar de acuerdo con las promesas que han hecho y que harán.

GRUPO PEQUEÑO: SESIÓN 15

OBJETIVO DE LA LECCIÓN: Descubrir la actitud de Dios hacia la arrogancia y consagrarnos a una vida de humildad.

Antes de comenzar la sesión, lean el capítulo 15 de *Enfrente a sus gigantes*.

Enfoque escritural: 2 Samuel 11:1-17

CONTEXTO: El reino de David se encontraba en buena forma. No había amenazas externas, lo que les permitió concentrar sus energías en expandir el territorio y derrotar a adversarios menores. Era costumbre que en la primavera los reyes acompañaran a sus tropas cuando salían en campaña. David, en cambio, decidió quedarse en casa y envió a Joab como comandante a librar una batalla contra Amón y Rabá. Como David no estaba donde debería haber estado, estuvo expuesto a una tentación que no debería haber experimentado. ¡Así es la vida! Quizás Betsabé hizo un espectáculo de sí misma. Quizás David hizo todo lo posible para verla bañándose. No importa. El resultado es el mismo: David cometió adulterio y trató de encubrirlo con un asesinato. David, conocido por sus logros espirituales, ahora deja un legado de vergüenza.

COMIENZO: Que un voluntario lea en voz alta 2 Samuel 11:1-17. Tómese unos minutos para establecer el contexto de este pasaje.

DESCUBRIR LA VERDAD: Al repasar esta lección en la guía de estudio, use la información y las preguntas siguientes para ayudar a que la sesión sea aplicable a las vidas de las personas en la clase.

BUSQUE LA HUMILDAD: El ego se apoderó de David. Ahora era el rey; los tiempos eran buenos; tenía popularidad. ¿Dónde había quedado el pastorcillo que se agachó junto al arroyo para recoger piedras que luego usaría para matar a Goliat? ¿Dónde había quedado el hombre que preguntaba a Dios lo que debía hacer? ¡La gente que insiste en hacer lo que quiere rara vez se detiene a pedirle permiso a Dios! ¿Cuáles son algunas áreas de su vida en las que es fácil para su ego tomar el control? ¿Qué debería hacer cuando empiece a pensar más en sí mismo de lo que debería?

ABRACE SU POBREZA: Todo lo que David tenía era el resultado de la bondad de Dios. Dios lo había protegido de Goliat, de Saúl, de los filisteos, de sus propios hombres y más. Dios hizo posible que David conquistara Jerusalén cuando parecía imposible. Sin las riquezas de Dios, David era pobre. ¡Usted y yo somos iguales! Todo lo que tenemos se debe a la bondad de Dios. No es porque seamos inteligentes, talentosos o afortunados. ¿Cuáles son algunas de las cosas que da por sentado con las que Dios lo ha bendecido? ¿Cómo debería su conocimiento de la providencia de Dios afectar la forma en que se enfrenta a cada día?

RESISTA EL LUGAR DE LA CELEBRIDAD: Si hubiese querido, David pudo ponerse gafas para el sol y exigir que su nombre brillara con luces de neón. Algunas personas se pasan la vida buscando tales cosas. David no buscó eso, pero sí abusó de su poder como rey para obtener lo que quería: Betsabé. David ya tenía esposas, ¡muchas! Pero en lugar de estar satisfecho con lo que tenía, deseaba lo que no tenía. ¿Le suena familiar?

Usted puede utilizar su influencia personal para obtener lo que desea, pero es posible que lo que desea no le dé lo que espera que le dé. ¿De qué manera se siente tentado a hacer un mal uso de su influencia? ¿Qué puede hacer para resistir la tentación?

EN CONCRETO: David nunca pensó que su encuentro con Betsabé tendría consecuencias tan devastadoras. Betsabé y él se vieron afectados, pero hubo muchos daños colaterales. Oren para que Dios les ayude a estar conscientes de los peligros de la desobediencia y las consecuencias de apartarse de su guía.

GRUPO PEQUEÑO: SESIÓN 16

OBJETIVO DE LA LECCIÓN: Entender la omnisciencia de Dios y comprometernos a respetar su santidad y su Palabra.

Antes de comenzar la sesión, lean el capítulo 16 de *Enfrente a sus gigantes*.

Enfoque escritural: 2 Samuel 12:1-15

CONTEXTO: David pensó que había cubierto sus huellas. Urías estaba muerto. Betsabé tendría el privilegio de casarse con el rey, el hijo ilegítimo sería legítimo y todos vivirían felices para siempre… ¡miel sobre hojuelas! Sin embargo, había una parte de la historia que David había descuidado: Dios. Dios fue testigo de todo, se enteró del encubrimiento y envió a un profeta llamado Natán a confrontarlo.

COMIENZO: Que un voluntario lea en voz alta 2 Samuel 12:1-15. Tómese unos minutos para establecer el contexto de este pasaje.

DESCUBRIR LA VERDAD: Al repasar esta lección en la guía de estudio, use la información y las preguntas siguientes para ayudar a que la sesión sea aplicable a las vidas de las personas en la clase.

¿CÓMO PUEDE SER? La parábola contada por Natán ilustró la imprudencia que David usó para llevarse a Betsabé. David no tuvo problemas para ver la maldad en la historia; simplemente se negó a aplicar los mismos principios a su vida. ¿En qué áreas de la vida juzga a las personas con más dureza de lo que se juzga a sí mismo? ¿En qué áreas de la vida es situacional el juicio de Dios?

¿QUIÉN PODRÍA SER? David no lo captó. Estaba listo para tener la cabeza de alguien. No veía la historia como un paralelo a sus acciones. Así es que pronunció un castigo severo: ¡muerte! Entonces, Natán le explicó la historia. El hombre que se llevó la ovejita teniendo ovejas en abundancia había sido David. ¡Casi podemos sentir el jadeo de David! ¿Qué usa Dios para recordarle sus leyes y principios? ¿Por qué nos resulta tan fácil aplicarlos a los demás y excusarlos en cuanto a nosotros?

¿CUÁNTO COSTARÁ? El pecado tiene una penalización. David ya había declarado que la muerte era la pena por el robo de la oveja. ¿Cuál debería ser la pena por el robo de la esposa y el asesinato del esposo? No quedan dudas de que resurgió la humildad de David. Se dio cuenta de que no estaba por encima de la ley y que sus acciones tendrían consecuencias a largo plazo. ¿Por qué a menudo no consideramos las consecuencias a largo plazo de nuestras acciones?

EN CONCRETO: David había sido descubierto. Se le hacía responsable de sus acciones. Recibió el perdón, pero las trágicas consecuencias ya estaban establecidas. El perdón no siempre evita las consecuencias. Oren, pidiéndole a Dios que les perdone sus pecados y les haga conscientes de las consecuencias de desobedecerlo.

GRUPO PEQUEÑO: SESIÓN 17

OBJETIVO DE LA LECCIÓN: Entender el valor de nuestras familias y comprometernos a darles la prioridad que Dios desea que se les dé.

Antes de comenzar la sesión, lean el capítulo 17 de *Enfrente a sus gigantes*.

Enfoque escritural: 2 Samuel 15:13-14; 30-31.

CONTEXTO: Se estaban gestando problemas en el reino. David había sido eficaz en todo menos en la crianza de sus hijos. Esa función estaba casi al final de su lista de prioridades. Hasta aquí todo bien. Había más que suficientes esposas e innumerables concubinas para cuidar de los hijos que engendró, así que ¿para qué preocuparse? Pero las cosas se complicaron. A Amnón, uno de los hijos de David, le gustó Tamar, hermana aunque de madre diferente. Amnón terminó violando a Tamar y desechándola luego como basura. El hecho llegó a conocimiento del hermano Absalón, que se vengó dando muerte a Amnón. Temiendo que su padre lo castigara, Absalón huyó de Jerusalén. Pero David no hizo nada ni por él ni por Tamar. Guardó silencio. Entonces, Absalón regresó a Jerusalén y orquestó un golpe de estado que obligó a David a salir de la ciudad.

COMIENZO: Que un voluntario lea en voz alta 2 Samuel 15:13-14; 30-31. Tómese unos minutos para establecer el contexto de este pasaje.

DESCUBRIR LA VERDAD: Al repasar esta lección en la guía de estudio, use la información y las preguntas siguientes para ayudar a que la sesión sea aplicable a las vidas de las personas en la clase.

RESPONSABILIDAD IGNORADA: David hizo que todo, excepto la paternidad, fuera importante. Su éxito en la vida se ve ensombrecido por su fracaso en casa. ¿Cómo puede hacer que su responsabilidad en casa sea más importante? ¿Qué cosas deben eliminarse de su vida para que pueda hacer de su familia una prioridad?

PROBLEMA EXPERIMENTADO: Cuando Amnón violó a Tamar, David no hizo nada. Para gobernar una nación, abdicó de su trono en casa. Años de negligencia regresaron para perseguirlo. ¿Qué dice su familia de su liderazgo? ¿Qué es lo que más le preocupa: sus intereses externos o su hogar? Explique su respuesta.

NECESIDAD DE UN CAMBIO: Ocho esposas y numerosas concubinas le dieron a David más hijos de los que podemos imaginar. Su conquista personal de la población femenina pudo haber dado un impulso a su ego, pero puso en marcha una triste serie de acontecimientos. Cuando cumplió los sesenta años, la familia de David había llegado a un punto más allá de toda reparación. ¡Usted, sin embargo, todavía tiene algo de tiempo! ¿De qué manera necesita cambiar para que su familia sea más importante? ¿Cómo afecta su tiempo personal con Dios su actitud hacia su familia y sus responsabilidades en el hogar?

EN CONCRETO: Usted no tiene que ser como David. Oren, pidiéndole a Dios que les ayude a hacer de su familia una prioridad y que les ayude a decir no a las cosas que no son realmente importantes.

GRUPO PEQUEÑO: SESIÓN 18

OBJETIVO DE LA LECCIÓN: Descubrir cómo capacita Dios a su pueblo para que tenga éxito a pesar de sus fallas y comprometernos a vivir dedicados totalmente a Dios.

Antes de comenzar la sesión, lean el capítulo 18 de *Enfrente a sus gigantes*.

Enfoque escritural: 1 Crónicas 28:1-10

CONTEXTO: Para David, la vida estaba llegando a su fin. ¡Y qué vida había sido! Cuando comenzamos, era el heredero inesperado del trono de Saúl. Lo vimos arrodillado junto al arroyo recogiendo piedrecillas para la inminente batalla con Goliat y luego corriendo por su vida mientras los celos de Saúl lo enfurecían. Tuvo momentos de increíbles victorias y grandes tragedias personales. Danzó cuando el arca del pacto llegó a Jerusalén y escapó cuando su hijo orquestó un golpe de estado en su contra. Ahora habla al pueblo y le cuenta su proyecto de construir un templo, un hogar permanente para el arca.

COMIENZO: Que un voluntario lea en voz alta 1 Crónicas 28:1-10. Tómese unos minutos para establecer el contexto de este pasaje.

DESCUBRIR LA VERDAD: Al repasar esta lección en la guía de estudio, use la información y las preguntas siguientes para ayudar a que la sesión sea aplicable a las vidas de las personas en la clase.

UN PROPÓSITO LOABLE: Construir un hogar para el arca del pacto era sin duda un propósito loable. El arca había estado sin hogar estable desde antes de que los filisteos la capturaran. No había nada de malo en lo que David quería hacer. Piense en algo que haya querido hacer para Dios. ¿Cuáles han sido los pros y los contras? ¿Podría haber alguna razón por la que Dios le impida hacer lo que pretende?

UN BLOQUEO PIADOSO: «Pero Dios» se constituye en una luz roja en el camino. David deseaba construir el templo, pero Dios se lo impidió. ¿Por qué? David mismo dice que era porque había sido muy violento. Y es cierto. Él tenía una forma muy suya de irrespetar a los demás con el fin de conseguir lo que quería. ¿Habrá algo en usted que pudiera hacer que Dios le diga: «detente»? ¿Está su actitud hacia otras personas en consonancia con la actitud de Dios hacia ellos? ¿Hay algún pecado que todavía tenga que confesar?

UNA EVALUACIÓN SENSATA: David sabía cuál era su problema, pero no permitió que eso arrojara agua sobre su fuego. Sabía de dónde había venido. Sabía lo que Dios había hecho por él. Estaba consciente de la protección y provisión de Dios. Tenía mucho que celebrar. ¿Qué tiene que celebrar usted? ¿Cómo ha obrado Dios en su vida para mostrarle quién es y cuánto lo ama?

EN CONCRETO: En lugar de pensar en lo que no tiene o no puede hacer, ore, agradeciendo a Dios por lo que ha hecho, está haciendo y hará en su vida y a través de ella.

GRUPO PEQUEÑO: SESIÓN 19

OBJETIVO DE LA LECCIÓN: Recordar lo débiles que son nuestros gigantes a la luz de la fuerza de Dios y comprometernos a confiar en Él para que nos fortalezca con su poder.

Antes de comenzar la sesión, lean el capítulo 19 de *Enfrente a sus gigantes*.

Enfoque escritural: 1 Samuel 17:32-51

CONTEXTO: Hemos estado aquí antes. David, el pastorcillo, no estaba dispuesto a permitir que Goliat se burlara de su Dios. Si nadie más defendía a Dios, David lo haría... y lo hizo. Saúl trató de ponerle su armadura, pero era demasiado pesada. David no podía convertirse en otra cosa; era un pastor con una causa. Un cayado (un simple palo, si se quiere), cinco piedrecillas sacadas del arroyo y una honda: esas no eran las armas de los campeones. Pero el pequeño David sabía algo sobre gigantes. ¡Dios es más grande y más fuerte!

COMIENZO: Que un voluntario lea en voz alta 1 Samuel 17:32-51. Tómese unos minutos para establecer el contexto de este pasaje.

DESCUBRIR LA VERDAD: Al repasar esta lección en la guía de estudio, use la información y las preguntas siguientes para ayudar a que la sesión sea aplicable a las vidas de las personas en la clase.

LA PIEDRA DEL PASADO: Durante su tiempo con las ovejas, David había visto el poder de Dios en vivo y en directo. Había luchado con osos y leones en defensa de sus ovejas, y Dios había intervenido dándole la victoria. Si Dios estaba tan preocupado por las ovejas, ¿no estaría más preocupado por su pueblo? ¿Qué ha hecho Dios en el pasado que le da esperanza para el futuro?

LA PIEDRA DE LA ORACIÓN: David sabía que hablar con Dios era la clave del éxito. Las veces que consultó a Dios, todo le salió bien. Cuando dejó a Dios fuera, la vida se le volvió caótica. ¿Cómo puede hacer más eficaz su vida de oración? ¿Cuándo fue la última vez que se sentó a escuchar a Dios a través de la oración?

LA PIEDRA DE LA PRIORIDAD: David vio a Goliat como una oportunidad para que Dios se luciera, no una oportunidad para lucirse él. Si hace de la glorificación a Dios una prioridad, descubrirá que su poder es aún mayor de lo que se imagina. ¿Qué está haciendo para mostrar la grandeza de Dios a quienes le rodean?

LA PIEDRA DE LA PASIÓN: David estaba tan apasionado por su Dios que se abalanzó sobre el gigante. No se limitó a arrojar una piedra y luego se escondió. No. Enseguida, tras incrustarle la piedrecilla entre los ojos, corrió y con la propia espada del gigante le cortó la cabeza. David quería que ese gigante se fuera para siempre. ¿Cómo puede deshacerse de sus gigantes de una vez por todas? ¿Qué cambios de vida necesita hacer?

LA PIEDRA DE LA PERSISTENCIA: David tenía cuatro piedras más y Goliat tenía cuatro hermanos. David no se rendiría. Puede que una oración no sea suficiente. Ore hasta que vea las cosas desde la perspectiva de Dios. Después de todo, ¡la oración no es un esfuerzo para que Dios vea las cosas a su manera! ¿Sobre qué necesita orar persistentemente? Haga un diario de oración y lleve un registro de sus oraciones persistentes, anotando las formas en que responde Dios.

EN CONCRETO: Dios tiene una vida abundante disponible para todo aquel que le siga. Oren pidiendo a Dios que haga más real su presencia en sus vidas todos los días.

NOTAS

CAPÍTULO 1: ENFRENTE A SUS GIGANTES
1. Paráfrasis del autor.
2. Ver Éxodo 9:22-23, Josué 6:15-20 y 1 Samuel 7:10.
3. Paráfrasis del autor.
4. Énfasis del autor en todos estos versículos.

CAPÍTULO 3: EL FURIOSO SAÚL
1. Los nombres y los detalles han sido cambiados.

CAPÍTULO 4: DÍAS DESESPERADOS
1. Eugene Peterson, *Leap Over a Wall* (San Francisco: HarperSanFrancisco, 1997), p. 65.

CAPÍTULO 5: ÉPOCAS DE SEQUÍA
1. Malachi Martin, *King of Kings* (Nueva York: Simon and Schuster, 1980), p. 206.
2. "Reinstated", *Favorite Stories of Bob Russell*, vol. 5, CD-ROM (Louisville, KY: Living Word, Inc., 2005).

CAPÍTULO 6: GENERADORES DE DOLOR
1. http:///www.safenet.org/archive/402_survtree.cfm
2. M. Norville Young con Mary Hollingsworth, *Living Lights, Shining Stars: Ten Secrets to Becoming the Light of the World* (West Monroe, LA: Howard Publishing, 1997), p. 39.

CAPÍTULO 7: COMPORTAMIENTO BRUTAL

1. Ernest Gordon, *To End All Wars: A True Story About the Will to Survive and the Courage to Forgive* (Grand Rapids: Zondervan, 2002), pp. 105-6, 101.
2. Hans Wilhelm Hertzberg, *I and II Samuel*, trad. al inglés por J. S. Bowden (Filadelfia: Westminster Press, 1964), pp. 199-200.
3. Gordon, *To End All Wars*, pp. 101-2.

CAPÍTULO 8: ARMAS INÚTILES

1. Associated Press, "450 Ovejas brincan a su muerte en Turquía," 8 julio 2005.
2. C. J. Mahaney, "Loving the Church", grabación de un mensaje de Covenant Life Church, Gaithersburg, MD, sin fecha. Citado por Randy Alcorn en *Heaven* (Wheaton, IL: Tyndale House, 2004), p. xxii.

CAPÍTULO 9: MOMENTOS EN QUE UNO SE DESPLOMA

1. Peterson, *Leap Over a Wall*, p. 112.

CAPÍTULO 10: DOLOR INDESCRIPTIBLE

1. C. S. Lewis, *Una pena en observación* (San Francisco: HarperCollins, 2006), p. 20.
2. F. B. Meyer, *Abraham*, citado por Charles R. Swindoll, *The Tale of the Tardy Oxcart: And 1,501 Other Stories* (Nashville: Word Publishing, 1998), p. 254.
3. Ann Kaiser Stearns, *Living Through Personal Crisis* (Nueva York: Ballantine Books, 1984), p. 6.
4. Thomas P. Davidson, *I Called Him Roosk, He Called Me Dad: A Collection of Thoughts About a Father's Faith, Love, and Grief After Losing His Son* (autopublicación), p. 36-7.

CAPÍTULO 11: INTERSECCIONES CIEGAS
1. George Arthur Butterick, ed., *The Interpreter's Dictionary of the Bible: An Illustrated Encyclopedia* (Nashville: Abingdon, 1962), s.v. "Urim and Thummin", y Merrill C. Tenney, ed. gén., *Pictorial Bible Dictionary* (Nashville: Southwestern Company, 1975), s.v. "Urim and Thummim".
2. F. B. Meyer, *David: Shepherd, Psalmist, King* (Fort Washington, PA: Christian Literature Crusade, 1977), pp. 101-2.

CAPÍTULO 13: DEIDAD DISTANTE
1. Algunos eruditos sugieren que la frase «los hijos de Abinadab» en 2 Samuel 6.3 debe entenderse como una referencia general a los «descendientes de Abinadab» (Earl D. Radmacher, ed. gén., *Nelson's New Illustrated Bible Commentary* [Nashville: Thomas Nelson, 1999]). También ver 1 Samuel 7:1 donde a Eleazar le llaman hijo de Abinadab.

CAPÍTULO 14: PROMESAS DIFÍCILES
1. Fred Lowery, *Covenant Marriage: Staying Together for Life* (West Monroe, LA: Howard Publishing, 2002), p. 44.
2. Ibíd., p. 45.

CAPÍTULO 16: COLAPSOS COLOSALES
1. *San Antonio Express News*, 23 abril 2005.

CAPÍTULO 18: ESPERANZAS DESTROZADAS
1. Paul Aurandt, *Paul Harvey's the Rest of the Story*, ed. and comp. Lynne Harvey (Nueva York: Bantam Books, 1978), pp. 107-9.

CAPÍTULO 19: ¡DERRIBE A GOLIAT!
1. La oferta supera nuestras expectativas.

La guía del lector de Lucado

Descubre dentro de cada libro escrito por Max Lucado palabras de aliento e inspiración que te llevarán a una experiencia más profunda con Jesús y encontrarás tesoros para andar con Dios. ¿Qué vas a descubrir?

3:16, Los números de la esperanza
...las 28 palabras que te pueden cambiar la vida.
Escritura central: Juan 3.16

Acércate sediento
...cómo rehidratar tu corazón y sumergirte en el pozo del amor de Dios.
Escritura central: Juan 7.37–38

Aligere su equipaje
...el poder de dejar las cargas que nunca debiste cargar.
Escritura central: Salmo 23

Aplauso del cielo
...el secreto a una vida que verdaderamente satisface.
Escritura central: Las Bienaventuranzas, Mateo 5.1–10

Como Jesús
...una vida libre de la culpa, el miedo y la ansiedad.
Escritura central: Efesios 4.23–24

Cuando Cristo venga
...por qué lo mejor está por venir.
Escritura central: 1 Corintios 15.23

Cuando Dios susurra tu nombre
...el camino a la esperanza al saber que Dios te conoce, que nunca se olvida de ti y que le importan los detalles de tu vida.
Escritura central: Juan 10.3

Cura para la vida común
...las cosas únicas para las cuales Dios te diseñó para que hicieras en tu vida.
Escritura central: 1 Corintios 12.7

Él escogió los clavos
...un amor tan profundo que escogió la muerte en una cruz tan solo para ganar tu corazón.
Escritura central: 1 Pedro 1.18–20

El trueno apacible
...el Dios que hará lo que se requiera para llevar a sus hijos de regreso a él.
Escritura central: Salmo 81.7

En el ojo de la tormenta
...la paz durante las tormentas de tu vida.
Escritura central: Juan 6

En manos de la gracia
...el regalo mayor de todos, la gracia de Dios.
Escritura central: Romanos

Enfrente a sus gigantes
...cuando Dios está de tu parte, ningún desafío puede más.
Escritura central: 1 y 2 Samuel

Gracia
...el regalo increíble que te salva y te sostiene.
Escritura central: Hebreos 12.15

Gran día cada día
...cómo vivir con propósito te ayudará a confiar más y experimentar menos estrés.
Escritura central: Salmo 118.24

Más allá de tu vida
...un Dios grande te creó para que hicieras cosas grandes.
Escritura central: Hechos 1

Mi Salvador y vecino
...un Dios que caminó las pruebas más difíciles de la vida y todavía te acompaña en las tuyas.
Escritura central: Mateo 16.13–16

El secreto de la felicidad
...un plan personal para descubrir la alegría en cualquier época de la vida.
Escritura central: Hechos 20.35

Sin temor
...cómo la fe es el antídoto al temor en tu vida.
Escritura central: Juan 14.1, 3

Todavía remueve piedras
...el Dios que todavía obra lo imposible en tu vida.
Escritura central: Mateo 12.20

Un amor que puedes compartir
...cómo vivir amado te libera para que ames a otros.
Escritura central: 1 Corintios 13

Lectura recomendada si tienes dificultades con...

MIEDO Y PREOCUPACIÓN

Ansiosos por nada
Antes del amén
Acércate sediento
Sin temor
Para estos tiempos difíciles
Mi Salvador y vecino
Aligere su equipaje

DESALIENTO

Todavía remueve piedras
Mi Salvador y vecino

DOLOR/MUERTE DE UN SER QUERIDO

Mi Salvador y vecino
Aligere su equipaje
Cuando Cristo venga
Cuando Dios susurra tu nombre
Saldrás de esta

CULPA

En manos de la gracia
Como Jesús

SOLEDAD

Dios se acercó

PECADO

Antes del amén
Él escogió los clavos
Seis horas de un viernes

AGOTAMIENTO

Antes del amén
Cuando Dios susurra tu nombre
Saldrás de esta

Lectura recomendada si quieres saber más sobre...

LA CRUZ

Y los ángeles guardaron silencio
Él escogió los clavos
Con razón lo llaman el Salvador
Seis horas de un viernes

GRACIA

Antes del amén
Gracia
Él escogió los clavos
En manos de la gracia

CIELO

Aplauso del cielo
Cuando Cristo venga

COMPARTIENDO EL EVANGELIO

Dios se acercó
Gracia
Con razón lo llaman el Salvador

Lectura recomendada si estás buscando más...

CONSUELO

Para estos tiempos difíciles
Él escogió los clavos
Mi Salvador y vecino
Aligere su equipaje
Saldrás de esta

COMPASIÓN

Más allá de tu vida

VALOR

Sin temor

ESPERANZA

3:16 Los números de la esperanza
Antes del amén
El trueno apacible
Dios se acercó
Gracia
Esperanza inconmovible
Jesús
El secreto de la felicidad

GOZO

Aplauso del cielo
Cura para la vida común
Cuando Dios susurra tu nombre
El secreto de la felicidad

AMOR

Acércate sediento
Un amor que puedes compartir
Con razón lo llaman el Salvador

PAZ

Y los ángeles guardaron silencio
Ansiosos por nada
Antes del amén
En el ojo de la tormenta
Aligere su equipaje
Saldrás de esta

SATISFACCIÓN

Y los ángeles guardaron silencio
Acércate sediento
Cura para la vida común
Gran día cada día

CONFIANZA

Jesús
El trueno apacible
No se trata de mí
Mi salvador y vecino

¡Los libros de Max Lucado son un gran regalo!

PARA ADULTOS:

Ansiosos por nada
Para estos tiempos difíciles
Gracia para todo momento
Esperanza inconmovible
El secreto de la felicidad
Un cafecito con Max
Dios te ayudará

PARA ADOLESCENTES/GRADUADOS:

Todo lo que Dios tiene para ti

PARA NIÑOS:

Por si lo querías saber
Tú eres especial

DURANTE LA NAVIDAD:

A causa de Belén
El corderito tullido
La vela de Navidad
Dios se acercó